This Book Belongs To

_____

_____

Assorted Words 1

```
L  U  V  X  F  D  U  H  E  S  R  Z  W  F  Z
C  E  V  G  O  A  E  H  T  G  W  C  M  D  T
Z  A  Z  G  Z  M  C  K  E  N  N  I  N  X  J
D  F  Q  O  L  X  R  O  C  T  I  A  R  P  N
M  N  F  U  R  B  I  S  H  E  D  C  R  L  W
M  O  N  O  M  A  N  I  A  C  P  M  A  T  Y
C  B  S  C  E  B  O  S  S  H  W  N  Y  Y  S
R  I  E  M  M  P  L  G  C  E  O  P  E  B  H
S  N  T  A  G  N  I  G  R  A  L  N  E  H  O
Q  O  F  I  R  V  N  T  R  V  R  Z  R  Y  U
T  P  L  V  N  D  E  S  A  Z  A  V  Z  H  P
Z  A  U  L  X  G  S  M  Z  P  F  J  E  U  V
P  G  T  W  E  H  N  V  M  Y  H  O  U  S  M
E  D  E  I  N  C  A  R  N  A  T  I  O  N  S
T  L  S  H  I  P  P  O  P  O  T  A  M  U  S
```

BEARDS	HENPECKED	SWIRLY
CELLOS	HIPPOPOTAMUS	
CITING	HYACINTH	
CRINOLINES	INCARNATIONS	
ENLARGING	MONOMANIAC	
EPITAPH	MUZZLES	
FLUTES	SCARVES	
FURBISHED	STRANGE	

Assorted Words 2

```
G  A  Y  F  D  M  E  D  I  C  A  T  E  S  M
C  K  D  L  R  E  K  C  U  R  T  Q  Q  T  A
O  E  P  R  L  E  L  K  P  A  L  A  T  E  S
W  H  N  L  E  A  E  L  D  X  L  P  U  O  Q
G  O  E  V  D  M  C  L  I  E  F  B  M  G  U
I  U  P  I  E  D  O  I  O  V  N  C  O  O  E
R  N  A  B  X  L  L  T  T  A  N  I  T  D  R
L  G  T  U  S  F  O  M  S  A  D  A  P  S  A
S  A  T  C  Z  B  N  P  F  U  M  E  B  O  D
T  I  I  K  A  B  I  J  E  Y  C  O  R  N  E
A  N  N  E  H  F  Z  P  E  S  L  J  T  S  R
S  L  G  T  G  N  I  S  R  O  H  N  U  U  S
R  I  R  I  O  O  N  K  V  N  E  K  A  W  A
H  E  L  N  D  G  G  M  I  L  L  A  G  E  Q
N  R  W  G  N  I  T  S  E  R  E  T  N  I  M
```

ANVILLED	FREELOADERS	OPINED
AUTOMATICALLY	GODSONS	PALATES
AWAKEN	HENNA	PATTING
BUCKETING	INTERESTING	TRUCKER
COLONIZING	MASQUERADERS	UNGAINLIER
COWGIRLS	MEANLY	UNHORSING
CUSTOMER	MEDICATES	
ENVELOPES	MILLAGE	

Assorted Words 3

```
F  J  F  K  L  N  E  G  A  T  I  N  G  U  W
S  E  R  O  B  E  S  J  N  O  T  O  L  I  K
A  B  O  A  S  T  E  R  R  I  A  C  X  R  Z
D  I  I  L  T  W  D  S  D  I  L  E  Y  E  Q
D  C  B  K  L  C  U  M  U  M  Q  I  O  L  N
E  D  I  A  L  Y  Z  E  S  T  I  D  A  F  N
N  M  K  L  D  S  A  R  D  O  N  I  C  L  S
E  F  P  I  I  N  N  O  V  A  T  O  R  S  F
D  S  L  L  E  S  R  E  V  O  B  Z  C  W  L
S  A  I  B  O  H  P  B  U  D  D  E  D  F  V
H  K  E  N  P  Y  E  S  R  O  H  E  C  A  R
W  A  N  G  L  E  M  C  I  R  O  T  E  H  R
B  Q  C  H  O  S  T  E  S  S  D  Q  Z  Y  S
F  L  S  N  O  I  T  A  N  E  H  P  Y  H  H
B  Z  D  J  U  P  O  L  I  T  I  C  A  X  G
```

ALKALI	HOSTESS	RACEHORSE
BOASTER	HYPHENATIONS	RHETORIC
BUDDED	INNOVATORS	ROBES
CONTUSE	KILOTON	SADDENED
DIALYZES	NEGATING	SARDONIC
EMPLOYMENT	OVERSELLS	WANGLE
EYELIDS	PHOBIAS	
FLAILING	POLITIC	

Assorted Words 4

```
S  N  O  I  T  A  T  U  P  M  I  T  Y  J  U
R  A  N  E  L  I  C  N  O  C  E  R  E  H  L
E  H  E  X  P  L  O  R  A  T  O  R  Y  R  N
C  T  W  I  T  S  U  R  E  M  E  D  I  E  D
T  J  Q  U  E  E  N  L  I  E  R  I  W  T  S
A  P  R  I  V  E  T  S  E  S  R  A  O  H  Q
N  E  N  I  M  R  E  T  E  D  E  R  P  G  I
G  Q  S  E  T  A  R  G  E  T  N  I  S  I  D
L  V  V  Y  D  B  F  S  R  J  S  H  C  O  S
E  H  M  R  W  D  E  S  P  E  R  A  T  E  T
S  I  M  P  E  R  I  A  L  R  G  R  Y  G  R
H  E  R  E  A  F  T  E  R  H  M  V  L  W  A
G  N  I  L  P  A  S  B  N  I  N  E  S  Y  N
L  I  N  I  T  I  A  L  I  Z  E  S  X  D  G
H  J  G  U  L  P  R  O  S  T  A  T  E  S  E
```

COUNTERFEITS	IMPUTATIONS	RECTANGLES
DESPERATE	INITIALIZES	REMEDIED
DISINTEGRATES	NINES	SAPLING
EXPLORATORY	PREDETERMINE	STRANGE
HARVEST	PRIVET	TWITS
HEREAFTER	PROSTATES	
HOARSEST	QUEENLIER	
IMPERIAL	RECONCILE	

Assorted Words 5

```
O P H L I A I S O N S R I P W
V O V V F X C G B I F J S S T
E W D S U N H O N Z A I Y Y R
R E A K R G U B M W X T I C A
A R N G I E N N C E M N B H G
C F K M O D K I S H L E O O G
T U E B U X S C R W I Y W S E
S L S Z S R V P A A O D P I D
O L T G R C K A O H E R I S L
O Y D J N G C Y G O W L R N Y
S I N F R I N G E S C H C A G
L S Y R A L L I X A M I S Z M
A M T A H A M L A H T E L U K
Q E D I T O R I A L I Z E D B
J X L A T N E D I C N I V C D
```

BUSHWHACKERS	EDITORIALIZED	MARROWS
CALLINGS	FURIOUS	MAXILLARY
CHIDING	INCIDENTAL	MURKY
CHUNKS	INFRINGES	OVERACTS
CLEARING	JITNEY	POWERFULLY
COMELY	LETHAL	PSYCHOSIS
COOPS	LIAISONS	RAGGEDLY
DANKEST	MAHATMA	

Assorted Words 6

```
E W O Z S U O T N E T R O P R
P A R A P H R A S E S S W H D
S E F H D G U H R E G E N C Y
I Z K O N Z L C R E I O M H N
S N T B D E Y A I E U K B I E
C L P T L W G T M K T W W T R
R C L A C I G O L O R T S A K
A K H I T R T S T U R E I J G
P F T E B I S H C I A O U L U
B G H A P B E U E R A F N L Y
O Q I V A O G N P Z W T X B V
O X N Z R N Q Z T R O Z I V O
K W N Y T G N I D I C E D N P
S B E M E O T A R T N E S S G
V I D M D S T S Y L A N A T U
```

ANALYSTS
ASTROLOGICAL
BILLS
BLITHE
BONGOS
DECIDING
FAULTY
GAWKIEST

GLAMOR
INPATIENT
LITTER
NEGOTIATING
PARAPHRASES
PARTED
PORTENTOUS
REGENCY

RIMES
SCRAPBOOKS
TARTNESS
THINNED
VIZOR

Assorted Words 7

```
S  S  Y  E  K  C  I  D  E  S  S  A  L  G  X
E  N  E  L  N  P  D  L  M  X  E  A  O  U  P
G  R  O  U  T  S  R  M  O  K  R  W  A  N  R
R  E  X  I  Q  E  H  O  O  C  H  S  M  W  E
E  A  D  D  T  S  E  R  S  R  A  F  Y  I  T
G  P  E  E  E  A  E  R  O  P  B  T  H  N  T
A  P  M  C  W  S  V  L  C  U  E  I  E  D  I
T  O  I  E  D  O  I  R  R  S  D  R  D  S  E
E  I  J  I  R  E  R  S  E  U  I  I  O  Z  R
D  N  O  T  J  O  C  N  T  S  B  D  N  U  V
I  T  H  F  T  V  G  N  R  I  B  C  I  G  S
Q  C  N  U  K  Z  J  I  I  O  N  O  S  U  C
E  Y  G  L  S  N  J  S  R  W  C  G  M  P  G
C  I  N  O  M  R  A  H  L  I  H  P  A  B  N
H  D  E  T  N  I  R  P  R  E  V  O  V  V  R
```

BURLESQUES	GLASSED	PRETTIER
CORNROWED	HEDONISM	PROSPEROUS
DECEITFUL	LOAMY	REAPPOINT
DEMIJOHN	LOCATES	RIGOR
DESISTING	MORBID	SEGREGATED
DICKEYS	OBSERVATIONS	UNWINDS
DISCREETLY	OVERPRINTED	WINCED
ENSHROUDING	PHILHARMONIC	

Puzzle #8

Assorted Words 8

```
M I N D I C T M E N T S K V M
X E Q U A L I T Y U W N D T R
V N A S U G N I D N O F U W Q
G D Y D E I S P O T U A Q R G
S U O C C S R E T I B K C A B
W R A O N Q S J A S M I N E S
F A Z R R E D A C O R B C E Y
R B X Z D K R N E I G H B O R
Y L O F R S N R S E V A T C O
D E I P S E M O U E L D D O C
G N I G G I R A B C G W G J M
N M U T A T I O N S P C Q P W
T E X E C U T I O N E R G F P
U D B O A Q C R E E P I E S T
Q O O H C A P Z A G Z X X F O
```

ASSES
AUTOPSIED
BACKBITERS
BROCADE
CODDLE
CREEPIEST
CURRENCY
DOORKNOBS

ENDURABLE
EQUALITY
ESPIED
EXECUTIONER
FONDING
GAZPACHO
GUARDSMAN
INDICTMENTS

JASMINES
MUTATIONS
NEIGHBOR
OCTAVES
RIGGING

Assorted Words 9

```
S  D  R  A  Y  K  C  A  B  O  Q  S  H  Y  I
E  V  N  D  D  E  H  C  A  Y  L  L  E  B  N
U  P  S  E  S  N  E  A  K  I  N  G  W  X  T
S  H  V  G  P  W  W  M  W  K  N  C  U  R  E
S  Q  E  M  A  E  S  E  M  G  M  R  W  A  R
P  X  C  O  Y  I  D  R  S  C  E  J  O  Y  P
O  Y  R  R  E  B  N  A  G  O  L  P  R  G  O
P  B  J  A  R  C  K  I  N  G  Z  L  K  D  L
U  E  N  D  G  B  S  J  N  T  C  U  D  B  A
L  H  M  N  R  S  N  O  E  G  I  W  A  Y  T
I  S  E  T  A  N  G  E  R  P  M  I  Y  K  I
S  R  G  N  I  R  E  D  I  O  R  B  M  E  O
M  G  N  I  N  E  K  R  A  E  H  M  Y  I  N
G  N  B  U  L  K  I  N  E  S  S  D  A  O  G
B  I  U  U  G  M  E  N  T  I  O  N  E  D  A
```

ABDUCT	GAINING	POPULISM
ARCKING	GOADS	SNEAKING
BACKYARDS	GRAIN	WIGEONS
BELLYACHED	HEARKENING	WORKDAY
BULKINESS	IMPREGNATES	
CAMERA	INTERPOLATION	
DEPEND	LOGANBERRY	
EMBROIDERING	MENTIONED	

Assorted Words 10

```
F  W  I  N  T  E  R  W  E  A  V  I  N  G  M
Z  H  P  R  E  D  N  U  O  F  Y  H  M  O  R
A  P  G  J  A  R  H  S  H  X  L  S  D  F  E
D  E  L  B  R  A  G  Y  E  I  S  O  P  X  A
L  Y  K  O  T  E  A  P  G  R  A  O  E  E  S
V  A  O  H  H  S  N  H  Z  I  E  T  L  N  S
R  F  D  I  Q  O  M  A  D  D  E  N  B  E  E
E  A  H  N  U  T  C  U  M  E  D  N  A  G  S
S  D  S  A  A  R  S  M  T  S  H  M  I  D  S
P  A  X  C  K  P  Y  I  B  O  T  T  C  E
E  A  X  D  E  K  N  A  L  C  R  R  U  D  D
L  L  J  D  D  T  S  M  U  L  L  C  O  O  T
L  X  I  Z  I  B  I  H  T  A  E  N  S  P  M
S  E  L  B  B  A  R  C  S  Z  S  U  S  C  S
F  P  U  B  L  I  S  H  A  B  L  E  D  Q  X
```

ASCETIC	MADDEN	SCROTUMS
CLANKED	MOUTHED	SERENADE
DUELLIST	NEATH	SOLES
EARTHQUAKED	PANDA	SPORTSMAN
FOUNDER	PUBLISHABLE	
GARBLED	REASSESSED	
HYGIENIC	RESPELLS	
INTERWEAVING	SCRABBLES	

Assorted Words 11

```
P  X  E  D  E  H  C  N  U  P  Y  E  K  V  Q
J  Z  A  X  R  C  R  S  G  W  X  D  B  A  U
M  N  B  R  B  O  L  E  T  L  Z  V  D  C  I
I  O  S  L  G  E  T  I  U  A  E  R  E  D  B
N  R  C  J  A  L  L  C  N  Q  R  A  T  Z  B
S  G  O  I  Y  N  O  B  U  K  E  K  M  W  L
T  R  N  Q  Y  B  K  O  I  R  E  H  S  E  E
R  T  D  I  S  W  B  L  M  T  T  R  C  U  D
E  V  S  M  R  S  E  A  Y  I  S  S  S  X  M
L  Z  G  E  G  R  D  S  G  P  E  E  N  B  E
S  U  A  E  I  R  E  D  D  O  F  R  G  I  X
V  C  Y  K  D  S  C  V  P  L  Z  J  U  I  I
P  A  R  O  L  E  S  P  A  J  H  O  V  Q  D
E  N  I  B  U  C  N  O  C  F  P  J  T  L  Z
T  E  V  I  T  C  E  J  B  O  N  O  N  U  G
```

ABSCONDS	EXCHEQUER	MUSKRATS
AVERRING	FODDER	NONOBJECTIVE
BLANKLY	GABBY	PAROLES
BOLAS	GLEAMED	QUIBBLED
BOSSIEST	GLOOMIER	
CLINKERS	INSTRUCTOR	
CONCUBINE	KEYPUNCHED	
DIGESTIBLE	MINSTRELS	

Assorted Words 12

```
M  E  T  A  R  D  Y  H  O  B  R  A  C  W  H
R  F  N  S  S  S  A  Y  L  H  S  I  K  A  R
S  I  G  A  E  A  P  E  X  E  S  P  J  S  M
A  G  Q  J  M  T  L  L  H  I  B  J  D  P  E
D  H  M  K  J  A  A  U  E  E  Z  B  V  O  D
N  T  E  F  R  P  H  L  P  H  R  B  P  T  A
E  F  E  D  M  E  N  S  A  O  J  O  F  S  L
S  E  I  R  E  S  R  U  N  P  C  A  F  H  L
S  T  M  F  B  U  S  Y  B  O  D  Y  S  E  I
O  L  Y  R  R  E  B  W  A  R  T  S  K  R  O
G  N  I  T  A  N  I  M  E  S  N  I  L  D  N
A  I  F  F  G  L  A  D  I  A  T  O  R  S  V
L  L  G  I  M  P  I  E  R  E  N  E  W  F  D
K  X  F  R  A  N  K  F  U  R  T  E  R  K  B
M  M  E  A  N  I  N  G  F  U  L  L  Y  A  N
```

APEXES	GLADIATORS	POTSHERDS
BUSYBODY	HELPS	RAKISHLY
CARBOHYDRATE	IMBUED	RENEW
COPULAS	INSEMINATING	SADNESS
FIGHT	MEANINGFULLY	SHAMAN
FOREHEAD	MEDALLION	STRAWBERRY
FRANKFURTER	NURSERIES	
GIMPIER	PALATES	

Assorted Words 13

```
L  S  C  A  I  S  E  N  M  A  Y  F  H  I  P
O  P  E  R  A  T  I  O  N  S  E  K  O  Z  O
X  I  L  C  K  R  O  U  A  B  B  P  R  G  M
E  L  D  D  U  F  E  B  A  R  I  U  M  E  Q
O  S  M  E  H  D  U  G  L  I  M  M  L  S  P
Y  V  N  W  N  W  D  I  N  E  H  H  S  C  G
I  T  G  O  N  O  O  L  M  F  H  Y  H  A  L
S  Z  I  N  I  G  T  L  Y  S  A  Y  Q  L  A
T  E  D  X  I  S  U  T  C  F  Y  M  H  A  M
U  N  H  O  E  R  O  E  O  H  C  F  S  T  O
N  P  E  C  G  L  U  L  R  C  I  O  P  I  R
T  D  N  G  O  G  P  J  P  I  S  L  I  N  S
I  A  L  O  N  O  I  M  N  M  L  I  L  G  K
N  R  O  B  N  U  M  N  O  O  I  L  G  E  N
G  M  J  H  D  Q  P  O  G  C  C  L  A  C  R
```

AMNESIACS	COTTONED	OPERATIONS
BARIUM	CUDDLY	PERKY
BEFUDDLE	DOGGING	PUNGENT
BRIEFS	ESCALATING	STUNTING
CHILLER	GLAMORS	UNBORN
CLUBS	GUERILLA	
COMPLEXITY	IMPLOSIONS	
CONJURING	MOOCHES	

Assorted Words 14

```
W  S  Y  O  L  K  S  N  R  E  V  A  C  W  I
N  E  J  W  I  H  P  O  Q  G  M  D  R  E  N
P  I  R  A  N  N  I  U  L  V  R  U  E  P  G
O  N  B  O  I  O  K  P  L  L  J  P  P  Y  E
W  T  E  N  T  O  B  D  G  S  E  E  T  G  S
D  E  N  X  I  S  V  G  D  N  A  D  L  E  T
E  R  N  T  A  H  K  J  G  N  I  R  R  A  E
R  L  O  P  L  E  W  O  D  N  E  L  S  O  D
Y  E  B  L  A  N  A  T  O  M  I  C  A  L  B
L  U  L  H  L  X  Z  E  C  B  K  U  R  O  U
M  K  E  H  U  E  E  J  W  F  G  R  M  N  F
Q  I  D  O  V  E  R  E  A  G  E  R  F  O  X
L  N  Z  Y  L  H  S  I  L  O  O  F  U  A  I
G  N  I  L  B  B  O  H  E  M  A  X  L  N  G
M  G  N  I  G  D  U  R  G  S  S  Q  S  A  C
```

ANATOMICAL	EARRING	INITIAL
ARMFULS	ENDOW	INTERLEUKIN
BOOKSTORE	ENNOBLED	OVEREAGER
BORDELLOS	FOALING	POWDERY
CAVERNS	FOOLISHLY	PULSARS
CREPT	GRUDGING	YOLKS
DROLLERIES	HOBBLING	
DUPED	INGESTED	

Assorted Words 15

```
F  I  Q  N  R  F  X  D  S  H  I  P  P  E  R
D  A  E  C  R  E  Y  L  E  K  I  L  N  U  M
O  O  P  R  I  E  L  V  I  L  D  G  E  J  O
V  T  C  H  E  U  C  L  U  N  I  Y  Y  I  R
E  E  S  U  O  H  K  N  U  B  E  R  D  I  A
R  G  V  E  M  R  P  M  O  F  W  A  E  V  L
S  P  A  F  H  E  I  S  O  C  T  F  L  P  I
H  A  K  V  E  G  N  S  I  N  O  I  X  L  T
A  N  G  T  A  D  U  T  T  M  T  U  U  Z  Y
D  H  N  V  X  R  E  O  A  I  E  A  M  R  X
O  A  A  X  D  L  M  R  T  T  C  H  G  V  F
W  N  F  I  P  A  Z  F  A  M  I  S  H  E  S
S  D  N  A  M  R  U  O  G  T  K  O  Z  A  J
H  L  W  O  R  D  I  N  G  S  E  I  N  M  I
B  E  P  E  R  S  E  V  E  R  E  D  A  R  W
```

APHORISTIC	HEMISPHERE	PERSEVERED
BUNKHOUSE	LARDS	RAVAGE
CONCERN	LINEALLY	SHIPPER
DOCUMENTATION	MONTAGE	TOUGHEST
FAMISHES	MORALITY	UNLIKELY
FEDERATED	OVERSHADOWS	WORDINGS
FRUITFULLER	PANHANDLE	
GOURMANDS	PERILED	

Assorted Words 16

```
F Y R S D E S T R U T T E D D
H T Z J S E M E L D S G W Y Z
S U S O B E P S G W B A G Y S
P B T J R A N P P A K P N D W
I E R N O U D S E Q K G W T I
P D E U A T F O U T L A I D T
L R T E D D N F H O S T E D C
E O C F S S N E U Y I R W L H
B W H C I R K E M T D V O Q E
E S I U D D A C C A S G E O R
I I N N E S V O A S M E R D D
A N G V S W V Y C L E R Y L A
N E O H O C K E D E S D A D J
S S P A I A Y R I U Q N E E Z
F S G N I T S E F I N A M P R
```

BROADSIDES	ENQUIRY	REARMAMENT
COARSE	HOCKED	SLACKS
COYER	HOSTED	STRETCHING
DESCENDANT	LEAKAGES	STRUTTED
DEVIOUSNESS	MANIFESTING	SWITCHER
DOORSTEPPED	MELDS	TUBED
DROWSINESS	OUTLAID	
DYESTUFF	PLEBEIANS	

Assorted Words 17

```
L  M  E  C  H  A  N  I  C  G  N  I  R  I  W
K  A  Z  S  R  E  L  O  R  A  C  D  V  O  U
S  R  C  D  A  M  A  R  Y  L  L  I  S  V  I
U  E  O  I  E  I  S  N  O  O  R  A  M  E  N
L  F  N  D  G  N  R  S  O  O  O  M  Y  R  V
O  U  T  O  R  O  N  E  A  N  U  G  R  S  E
G  L  E  S  T  A  L  A  T  I  H  T  A  T  S
A  G  N  U  O  S  Z  O  B  E  H  Q  N  E  T
N  E  T  N  T  Z  H  I  M  R  F  J  S  P  I
B  N  I  C  X  M  T  T  L  Y  A  A  A  P  G
E  C  O  O  B  A  U  A  R  H  T  I  C  E  A
R  E  U  R  T  Q  W  R  M  I  W  E  K  D  T
R  D  S  K  W  V  M  V  R  E  B  M  U  L  E
Y  P  L  S  G  U  B  R  E  T  T  I  J  I  X
Z  F  Y  H  S  F  O  O  D  S  T  U  F  F  M
```

AMARYLLIS	INVESTIGATE	MECHANIC
BANNED	JITTERBUGS	OVERSTEPPED
BIRTHSTONES	LIZARD	RANSACK
CAFETERIAS	LOGANBERRY	REFULGENCE
CAROLERS	LOONIER	UNCORKS
CONTENTIOUSLY	LUMBER	WIRING
ETYMOLOGICAL	MAROONS	
FOODSTUFF	MATZOS	

Assorted Words 18

```
K A L I H N S Y H R H E D J P
S E O Y S S G N L A E I V H I
I S S B Z D E N O E I S F H L
C N E D F E B L I C S L O R X
A U F N E U T C I K R R E O V
E U S E D T S E I T N I A D L
Z T T T C E A C L T X A Z O A
S D T O O T D C A P O E Y O C
C I D E M M I A H T M I T H T
K F T Z L A I O E M I O D R O
S E I H L E T Z U H E N C I S
E O S E B I V I I S T N G O E
W D T J D A P O N N L O T H J
Z I N D I C T I N G G Y H X D
M A Y M V A L T I M E T E R F
```

ALTIMETER
AUTOMATING
COARSELY
COMPLETE
CUSTOMIZING
DAINTIEST
DETACHMENT
HAILED

HOTHEADEDNESS
IDIOTIC
INDICTING
INFECTIOUSLY
LACTOSE
LOOSER
MEDIC
NOVELETTE

OBFUSCATING
TEXTILES
VIBES
YANKING
ZIRCONS

Assorted Words 19

```
D  I  M  P  C  R  B  S  G  N  I  D  R  O  W
C  S  V  U  R  T  R  O  L  L  I  C  K  P  O
G  I  Y  B  V  E  E  Q  D  I  M  P  L  E  S
T  N  G  H  R  Z  A  X  O  E  Y  R  P  R  H
O  I  I  I  P  E  K  R  T  N  L  K  C  M  R
R  S  I  M  I  A  E  G  R  R  E  A  D  S  O
E  T  Y  J  E  O  R  C  N  A  I  N  H  H  R
A  E  R  W  U  E  Z  G  H  I  N  C  E  X  Z
D  R  Z  D  E  H  D  O  O  K  L  G  A  S  E
O  E  U  F  O  S  D  E  N  I  M  L  E  T  S
R  A  W  C  B  K  W  X  R  X  B  R  I  Z  E
S  A  N  T  I  A  B  O  R  T  I  O  N  R  Y
Q  V  O  X  E  T  A  R  D  Y  H  P  T  E  T
L  A  R  U  T  A  N  R  E  T  E  R  P  U  H
O  D  E  T  N  E  M  E  L  P  M  O  C  J  A
```

ANTIABORTION	EXHALED	ROLLICK
AUTOBIOGRAPHY	EXTRICATE	SINISTER
BREAKER	HYDRATE	TOREADORS
BREECH	ONENESS	TRILLING
COMPLEMENTED	PERMS	WORDINGS
DENIM	PREARRANGE	
DIMPLES	PRETERNATURAL	
DOWSE	REDEEMING	

Assorted Words 20

```
A  A  Q  S  P  S  E  G  A  N  O  S  R  E  P
G  D  X  Z  E  S  N  O  I  S  I  V  O  R  P
S  D  C  W  Y  S  E  G  A  S  I  V  N  E  G
I  R  O  O  U  A  S  P  I  N  E  S  K  H  R
L  E  E  W  N  N  D  U  W  M  I  S  L  O  A
T  S  I  D  N  C  D  H  L  H  Y  X  S  L  T
R  S  E  R  L  I  E  E  T  P  O  B  V  D  E
B  E  E  D  R  I  E  N  F  R  I  L  L  O  F
W  D  T  I  A  Z  U  S  T  E  I  P  P  V  U
D  R  R  N  H  J  D  G  T  R  A  B  H  E  L
I  S  E  D  U  C  E  R  S  F  A  T  X  R  N
O  O  V  K  E  L  N  N  H  A  S  T  E  S  E
P  I  L  F  E  R  B  U  N  E  L  K  I  D  S
S  M  U  E  N  O  T  I  R  E  P  E  R  O  S
P  U  L  M  O  N  A  R  Y  C  N  S  T  S  N
```

ADDRESSED	GRATEFULNESS	PINES
BIRTHDAY	GUILDER	PLUSSES
BLUNTER	HASTES	PROVISIONS
CONCENTRATION	HOLDOVER	PULMONARY
CRUNCHIEST	JADES	SEDUCERS
DOWNIEST	PERITONEUMS	UNDEFEATED
ENVISAGES	PERSONAGES	
FRILL	PILFER	

Assorted Words 21

```
R  E  P  E  T  I  T  I  O  N  K  W  E  T  G
D  E  I  L  L  A  D  Y  L  L  I  D  L  M  T
E  P  S  S  A  N  D  P  A  P  E  R  V  C  Q
X  G  W  S  T  N  A  C  S  E  D  T  E  Y  K
S  E  G  R  A  B  R  S  U  C  C  U  M  B  V
G  R  A  T  E  R  S  E  O  C  C  A  B  O  T
E  M  M  S  U  V  K  S  I  L  E  B  O  D  O
S  I  I  S  U  P  S  I  N  K  H  O  L  E  C
C  N  J  E  R  H  N  S  T  U  O  K  O  O  C
R  A  K  N  E  S  T  I  N  G  L  O  X  R  U
A  L  E  G  I  T  I  M  I  Z  E  D  H  U  R
P  P  J  Q  S  H  R  U  G  N  I  T  L  A  S
E  R  U  T  I  N  E  G  O  M  I  R  P  O  Y
R  Y  E  G  J  C  A  D  J  U  S  T  E  R  S
D  E  T  E  M  M  U  L  P  X  L  C  G  H  T
```

ADJUSTERS	INPUT	SALTING
BARGES	LEGITIMIZED	SANDPAPER
COOKOUTS	NESTING	SCRAPER
DESCANTS	OBELISK	SHRUG
DILLYDALLIED	OCCURS	SINKHOLE
GERMINAL	PLUMMETED	SUCCUMB
GRATERS	PRIMOGENITURE	TOBACCO
HOOKIER	REPETITION	

Assorted Words 22

```
R  J  T  K  F  E  L  I  F  E  B  L  O  O  D
A  B  T  S  E  T  N  U  L  B  U  D  D  O  I
W  K  R  Z  D  I  S  E  I  S  N  A  P  J  N
B  B  E  E  W  D  R  R  Z  Z  F  F  K  B  T
T  G  L  S  E  C  A  P  S  K  C  A  B  I  E
H  S  N  J  T  D  N  N  M  C  M  U  O  D  R
S  S  E  I  E  I  E  I  W  N  F  L  L  E  L
N  T  J  I  T  L  M  R  W  A  A  T  S  N  O
A  R  S  G  P  R  B  A  Q  N  S  I  T  T  C
P  A  A  A  N  M  O  M  T  K  T  L  E  I  U
S  N  E  E  N  I  U  P  U  O  E  Y  R  C  T
H  G  A  T  Y  M  L  R  M  R  R  S  S  A  O
O  E  X  B  V  F  Y  R  G  O  G  L  X  L  R
T  R  Y  O  U  T  S  G  U  X  C  C  B  L  Y
S  T  G  N  I  R  E  E  P  F  K  Y  Z  Y  C
```

BACKSPACE	FAULTILY	PANSIES
BLUNTEST	FURLING	PEERING
BOLSTERS	GRUMBLE	SNAPSHOTS
BREEDER	GRUMPIEST	STRANGER
COMPORTING	GYMNASTS	TRYOUTS
DWEEB	IDENTICALLY	
ESTIMATOR	INTERLOCUTORY	
FASTER	LIFEBLOOD	

Assorted Words 23

```
N W O W M A J E S T I C G P P
I K W B D S G N I N O K C E R
C E G A T E E R F J L F G R T
A D T E J A T H B S R U V C T
R B R A V O I U S H G R O E P
P X R M V V F N P U S N Y Y D
E Z U N Q I E Q S M L A I F E
T F N E P Y T H O N I C A R S
B I I S M B E P V I R E O S C
A S T T S E C N A R G A R F E
G H E I D J S P K C J D K R N
G B S E D I R B R I M F U L D
E O Q S P R I Z E F I G H T S
R W S U O E N A T N A T S N I
S L A C I L E G N A V E Z W H
```

AMNESTIES	FISHBOWL	PRIZEFIGHTS
BRAVO	FRAGRANCES	PYTHON
BRIDES	FURNACE	RECKONINGS
BRIMFUL	IMPUTED	RINGS
CAPTIVATE	INSTANTANEOUS	UNITES
CARPETBAGGERS	LUSHES	VIREOS
DESCENDS	MAJESTIC	
EVANGELICALS	OBTAINS	

Assorted Words 24

```
P  P  V  S  E  K  A  R  K  C  U  M  K  E  Q
B  R  N  G  J  T  P  I  N  D  U  L  G  E  S
N  O  U  H  E  A  A  A  D  V  I  S  E  R  S
P  V  A  C  C  O  M  M  O  D  A  T  I  N  G
R  I  T  S  M  K  L  P  M  T  T  V  L  O  I
E  D  T  W  T  T  D  O  E  U  E  R  E  S  H
S  E  E  E  L  I  H  E  G  R  S  R  L  R  H
T  N  M  D  H  S  N  A  D  I  S  N  K  U  T
F  C  P  D  I  U  S  G  N  N  S  A  O  A  J
U  E  T  C  B  R  M  E  X  D  E  T  N  C  O
L  E  I  P  T  S  T  I  N  M  C  F  S  D  T
L  D  N  Q  N  O  D  S  L  B  E  A  E  Y  S
Y  D  G  Z  B  F  I  L  E  I  I  Z  R  D  V
N  O  B  O  D  I  E  S  O  B  T  L  M  S  R
N  C  H  U  C  K  L  E  D  H  M  Y  G  D  V
```

ACCOMMODATING	CONSUMMATE	MUCKRAKES
ADVISERS	DEFENDED	NOBODIES
AMPERSANDS	GEOLOGIST	PROVIDENCE
ATTEMPTING	GLIBNESS	RESTFULLY
AVERT	HANDCARS	
BESTRIDE	HOLDS	
BOASTING	HUMILITY	
CHUCKLED	INDULGES	

Assorted Words 25

```
N  R  U  B  N  U  S  S  I  W  O  S  F  R  V
O  W  I  V  C  Z  H  H  T  D  E  L  I  O  P
Z  L  R  A  H  I  S  T  T  I  T  V  T  S  L
S  W  R  W  Y  R  T  T  O  I  F  T  T  T  W
A  D  S  E  N  L  S  E  S  O  A  E  I  E  U
N  B  R  E  I  O  L  T  H  A  T  S  N  R  K
O  B  S  A  E  C  I  A  N  P  C  K  G  E  L
N  Z  M  T  Y  Y  N  S  N  E  O  T  C  D  B
T  A  Q  O  R  T  O  A  I  R  M  R  U  U  K
A  U  S  E  C  A  R  L  H  L  E  E  P  O  B
X  D  E  P  M  A  C  U  P  C  L  T  S  F  X
A  Z  E  Z  P  R  T  T  O  M  I  O  A  A  R
B  Y  Y  U  C  N  A  A  L  C  E  F  C  R  B
L  S  O  L  V  E  N  T  C  Y  S  Z  E  S  F
E  T  S  E  I  K  A  E  R  F  T  N  E  Z  K
```

ABSTRACTLY	COMELIEST	OUTCASTS
BASEMENTS	COURTYARDS	PROPHETIC
BENEFITS	EMPLOYEES	ROSTERED
BUCKTOOTH	FITTING	SAITHS
CAMPED	FRATERNALLY	SOLVENT
CATACOMB	FREAKIEST	SUNBURN
CHANCIER	NONTAXABLE	
COLLISION	OILED	

Assorted Words 26

```
S  C  N  N  G  A  L  L  B  L  A  D  D  E  R
O  P  F  C  M  A  N  N  E  R  I  S  M  S  N
P  W  I  Y  O  H  T  O  H  S  G  N  I  L  S
O  S  B  U  G  N  I  R  I  S  E  D  S  P  T
R  B  E  O  Q  S  T  P  U  R  E  E  O  I  H
I  S  Y  T  U  Q  E  E  P  J  X  Q  G  S  B
F  C  K  L  T  N  B  H  N  I  J  S  Y  T  F
I  W  K  C  L  E  D  A  C  D  E  W  N  A  U
C  Y  I  N  A  A  L  I  T  T  S  R  I  C  R
S  T  A  E  R  T  R  E  N  H  A  B  S  H  R
Q  F  C  Q  Z  Z  T  T  M  G  T  P  T  I  O
D  S  R  O  H  C  N  A  N  O  E  U  S  O  W
U  P  P  O  S  E  S  O  N  E  U  L  B  I  E
I  R  N  I  M  P  E  D  A  N  C  E  U  S  D
A  A  J  S  M  A  I  N  S  T  A  Y  S  I  M
```

ANCHORS	DISPATCHES	OMELETTES
ATTACKS	FURROWED	PISTACHIO
BATHTUBS	GALLBLADDER	PUREE
BLUENOSES	HIPPIER	QUIPS
BOUNDING	IMPEDANCE	SLINGSHOT
CENTRALLY	MAINSTAYS	SOPORIFIC
CONTENDS	MANNERISMS	TREATS
DESIRING	MISOGYNISTS	

Assorted Words 27

```
T  P  N  Y  C  L  D  Y  M  T  E  D  I  U  M
T  P  S  E  N  S  U  R  L  A  K  F  B  J  C
D  S  S  R  T  S  E  N  I  L  C  E  D  G  O
Y  E  A  U  E  T  U  T  C  F  U  A  S  F  F
R  L  H  F  S  R  E  O  A  H  T  F  W  G  I
X  A  T  S  K  E  O  N  N  T  E  W  N  S  T
V  G  C  N  A  A  H  N  G  E  S  S  O  A  L
Q  O  H  I  E  U  E  C  S  R  R  O  E  O  M
D  M  H  F  S  R  Q  R  A  L  O  G  P  M  D
V  I  G  N  I  T  E  S  B  O  I  L  N  A  R
Y  L  K  C  A  L  S  H  V  O  C  C  T  A  S
T  X  I  L  L  U  S  I  O  N  A  D  K  M  G
O  B  L  I  G  A  T  E  Q  C  M  C  B  E  J
U  D  S  R  E  G  R  U  B  M  A  H  P  M  R
W  D  W  M  I  N  I  B  U  S  E  S  G  Y  U
```

APOSTATES	IGNITE	RACISTS
BREAKFAST	ILLUSION	SLACKLY
COACHES	LORGNETTE	SLICKER
COHERENTLY	LUNCHES	SNORERS
DECLINES	MACAWS	SQUASHED
DRIFTWOOD	MANFULLY	TEDIUM
GANGRENOUS	MINIBUSES	
HAMBURGERS	OBLIGATE	

Assorted Words 28

```
B  U  U  F  C  R  S  K  N  A  B  D  N  A  S
E  C  H  S  V  O  O  X  D  F  O  Q  Y  G  I
D  O  H  O  D  F  M  B  S  K  X  S  M  E  X
R  E  Z  I  T  E  P  P  A  F  B  E  K  S  L
A  S  N  L  L  B  O  D  L  L  T  S  D  T  I
G  S  S  S  S  D  E  C  C  A  F  U  P  I  F
G  N  T  E  E  U  B  D  V  B  I  R  F  C  U
L  S  I  E  N  I  O  I  S  Q  I  N  I  U  M
I  C  I  M  L  I  S  R  R  C  S  A  S  L  B
N  E  U  D  M  F  H  S  E  T  H  M  H  A  L
G  T  Z  X  L  U  A  C  A  F  H  E  N  T  E
C  H  I  I  E  I  C  E  T  L  I  S  E  E  D
Y  T  I  D  I  L  O  S  L  I  L  N  T  D  S
E  P  I  G  L  O  T  T  I  D  E  S  O  R  W
K  I  M  M  E  A  S  U  R  A  B  L  Y  C  E
```

APPETIZER
BEDRAGGLING
CHILDBIRTHS
COEDS
COMPLAINS
CONIFEROUS
EPIGLOTTIDES
FISHNET

FUMBLED
GESTICULATED
HOTBEDS
IMMEASURABLY
ITCHINESS
LABOR
LASSIES
LEAFLETS

SANDBANKS
SCUMMING
SOLIDITY
SURNAME

Assorted Words 29

```
T  U  S  S  T  N  I  A  R  T  S  N  O  C  E
P  J  G  N  A  N  E  U  C  I  L  R  U  C  X
R  P  O  J  O  P  I  T  C  H  E  D  D  O  T
E  G  N  B  I  L  L  E  T  W  E  C  G  T  P
S  R  L  A  M  Q  H  G  N  I  L  P  P  I  R
C  E  O  O  P  L  U  T  Y  E  B  T  O  U  O
H  T  O  H  O  L  F  E  A  F  G  B  J  H  T
O  R  K  Q  R  M  K  N  E  I  O  D  C  D  O
O  A  E  K  T  Y  I  M  D  N  B  C  A  M  Z
L  C  R  Q  A  U  G  N  T  Z  E  F  M  B  O
C  T  S  S  N  N  O  K  E  C  J  D  U  A  A
D  J  L  N  C  B  Y  L  I  S  M  U  L  C  N
F  X  M  D  E  W  E  N  I  E  S  K  E  R  Z
O  N  B  B  S  M  S  I  L  O  B  A  T  E  M
V  U  M  Q  O  V  E  R  N  I  G  H  T  S  G
```

AMULET	GLOOMINESS	PROTOZOAN
BADGE	IMPORTANCE	QUEENED
BIATHLONS	METABOLISMS	RETRACT
BILLET	NEWED	RIPPLING
BITTEN	ONLOOKERS	
CLUMSILY	OVERNIGHTS	
CONSTRAINTS	PITCHED	
CURLICUE	PRESCHOOL	

Assorted Words 30

```
F  T  C  N  O  I  T  A  R  A  L  I  H  X  E
S  V  P  E  A  R  T  H  W  O  R  K  S  G  I
A  R  Q  Q  J  T  L  U  N  A  C  Y  R  Q  M
Y  D  E  T  E  R  I  O  R  A  T  E  D  Z  V
R  Y  S  T  G  O  D  L  V  S  K  N  U  L  F
S  E  T  N  A  D  N  A  O  M  Z  Y  C  M  L
N  C  I  O  O  S  I  T  W  P  B  E  V  K  I
X  M  V  K  C  I  S  S  S  E  O  S  Q  C  N
H  S  E  P  L  Q  S  E  S  E  A  M  K  D  T
J  I  E  D  I  A  M  U  L  E  U  V  S  R  L
U  Y  E  T  N  A  H  C  L  T  C  Q  E  O  O
L  T  V  P  U  O  Q  C  B  C  L  T  E  D  C
U  N  Y  D  K  H  C  Q  B  J  C  I  I  R  K
L  I  P  O  S  U  C  T  I  O  N  O  U  O  S
G  N  I  Z  I  L  A  N  O  I  T  A  N  G  N
```

ANDANTES	EARTHWORKS	OCCLUSIONS
CHALKIER	EXHILARATION	REQUEST
CHANTEY	FLINTLOCKS	WEAVED
CHUTES	FLUNKS	
CONDEMN	GUILTLESS	
COSMOPOLITAN	LIPOSUCTION	
DETERIORATED	LUNACY	
DISSECTION	NATIONALIZING	

Puzzle #31

Assorted Words 31

```
I  S  K  F  I  R  S  A  S  S  U  R  E  S  P
S  J  U  S  E  H  H  N  S  H  A  D  O  W  F
E  E  R  L  E  V  K  T  J  F  R  Q  T  H  A
A  X  O  K  U  S  M  I  S  T  R  A  T  O  P
N  M  P  C  L  M  N  P  O  F  A  K  W  M  H
O  S  I  U  N  D  I  A  H  W  I  R  U  E  A
N  C  V  N  N  U  F  T  M  R  G  Z  S  L  N
E  S  R  S  I  G  J  H  S  S  N  X  Z  I  T
N  P  J  A  M  M  I  Y  Z  S  M  A  Y  E  A
T  E  K  W  C  O  N  N  I  V  E  D  H  S  S
I  C  G  X  I  K  G  D  G  U  N  I  Q  T  M
T  K  A  D  E  T  L  U  A  F  T  L  Q  F  F
I  L  G  N  I  K  C  E  H  C  S  S  O  R  C
E  E  S  O  O  T  H  S  D  P  E  T  A  L  S
S  S  F  L  I  P  P  A  N  T  L  Y  J  N  R
```

ANTIPATHY
ARRAIGNMENTS
ASSURES
CONNIVED
CRACKLED
CROSSCHECKING
EXPUNGING
FAULTED

FIZZES
FLIPPANTLY
HOMELIEST
JUNCOES
MANSES
MINIMA
NONENTITIES
PETALS

PHANTASM
SHADOW
SOOTHS
SPECKLES
STIMULUS
TARTS

Assorted Words 32

```
S  C  S  W  D  G  N  I  R  A  E  W  T  U  O
K  U  U  S  B  E  J  L  O  K  G  E  M  P  H
Y  S  B  A  E  I  K  P  P  L  Z  M  R  U  C
J  H  X  O  O  L  R  C  U  J  L  P  P  S  I
A  O  B  S  R  P  B  C  A  E  A  L  D  S  C
C  C  N  C  A  D  O  M  H  M  I  O  R  Y  V
K  K  A  N  X  I  E  T  I  E  S  Y  U  F  D
E  P  T  V  H  R  D  R  A  L  D  A  N  O  N
R  R  N  F  K  B  I  E  L  E  A  B  K  O  L
S  O  F  O  R  K  E  D  M  A  F  L  A  T  M
M  O  L  T  I  N  G  D  J  S  N  E  R  E  O
U  F  Y  L  I  S  A  E  U  Q  E  D  D  D  U
U  H  E  S  I  T  A  T  I  O  N  P  S  H  R
P  P  A  P  T  L  L  V  M  H  F  F  A  O  N
E  N  C  O  U  R  A  G  E  M  E  N  T  L  K
```

ANXIETIES	FORKED	QUEASILY
BIRCHED	HESITATION	SEPAL
BORDERLANDS	LIMBLESS	SHOCKPROOF
DEFEAT	MEDIAS	SKYJACKERS
DRUNKARD	MOLTING	SMACKED
EMPLOYABLE	MOURN	
ENCOURAGEMENT	OUTWEARING	
EVASION	PUSSYFOOTED	

Assorted Words 33

```
H  S  S  N  I  A  T  N  A  L  P  B  L  U  X
J  W  D  E  D  R  A  E  B  X  T  C  A  D  B
T  S  A  B  Z  H  E  E  M  B  Q  L  R  E  R
R  A  M  D  E  I  G  D  F  A  H  L  K  P  U
E  U  M  M  I  Q  N  I  G  C  A  R  G  O  P
A  N  E  G  V  S  U  O  E  K  M  D  B  S  C
C  T  D  T  A  E  I  E  G  W  D  E  K  I  H
L  E  G  H  S  M  X  N  A  A  T  G  Y  T  U
E  R  V  M  F  E  B  E  H  T  T  U  L  I  C
D  E  P  I  W  S  E  O  S  E  H  N  O  N  K
J  D  E  T  T  A  V  W  L  R  R  I  A  G  I
O  B  V  I  O  U  S  N  E  S  S  I  N  M  N
T  U  R  R  E  T  A  K  I  N  G  P  T  G  G
O  S  M  O  N  O  S  Y  L  L  A  B  L  E  A
Q  U  A  N  T  I  T  A  T  I  V  E  O  M  D
```

ANTAGONIZES	GAMBOLS	SAUNTERED
BACKWATERS	HIKED	SWIPED
BEARDED	MONOSYLLABLE	TREACLED
BEQUEATHING	OBVIOUSNESS	TURRET
CARGO	OUTWEIGH	UPCHUCKING
DAMMED	PLANTAINS	VATTED
DEPOSITING	QUANTITATIVE	VEXES
DISINHERITED	RETAKING	WEEST

Assorted Words 34

```
P  S  L  I  N  D  U  S  T  R  I  A  L  L  Y
R  P  E  K  E  S  S  E  N  I  L  T  R  O  P
E  R  C  J  C  O  O  T  S  O  L  O  Q  G  S
D  O  Z  F  G  D  E  T  A  L  U  N  A  R  G
I  P  F  O  D  N  M  S  A  R  A  U  H  P  P
L  O  O  S  V  Y  I  Y  K  C  X  B  D  V  U
E  R  R  Y  E  E  G  N  U  R  H  S  A  C  N
C  T  T  J  A  T  R  N  G  H  A  X  U  C  I
T  I  U  S  D  W  A  J  I  I  G  B  B  T  S
I  O  N  T  E  Z  N  E  O  D  S  S  E  Q  H
O  N  A  I  E  S  T  U  R  Y  E  S  D  D  M
N  I  T  P  B  L  S  W  R  C  E  C  A  W  E
S  N  E  P  J  A  I  O  B  B  O  D  E  X  N
Q  G  L  E  G  H  E  X  H  Z  E  R  P  R  T
T  Z  Y  R  A  V  I  N  E  D  R  Y  P  C  S
```

ASSIGNING	GRANULATED	PUNISHMENTS
CABALS	HOSSES	RAVINED
COOTS	INDUSTRIALLY	RECEDING
DAUBED	OVERJOYED	RUNWAY
DEBARKS	PORTLINESS	TIPPER
EMIGRANTS	PREDILECTIONS	
EXILE	PROCREATES	
FORTUNATELY	PROPORTIONING	

Assorted Words 35

```
J  G  N  I  K  R  A  M  E  R  D  U  L  F  P
P  P  P  R  O  T  E  S  T  A  T  I  O  N  L
C  D  Q  G  P  P  D  C  H  T  W  O  R  G  I
Y  O  E  Y  N  J  G  E  R  Y  S  H  O  R  A
O  L  M  L  U  I  D  N  S  O  M  S  N  G  B
F  B  I  B  I  A  T  I  I  P  F  I  G  J  I
L  B  U  R  A  M  G  S  O  D  A  R  X  R  L
U  M  Y  A  E  T  I  Y  U  C  I  L  E  B  I
S  O  L  Z  H  E  E  S  M  R  E  H  L  P  T
Z  E  S  E  T  E  H  D  C  N  T  S  M  O  Y
S  T  E  N  G  Y  C  C  O  A  A  N  A  Y  C
T  K  D  I  W  Z  F  E  B  B  F  S  E  N  R
X  Z  S  N  L  O  S  W  A  R  T  H  I  E  R
A  H  Y  G  S  E  R  I  W  E  R  H  K  U  G
S  H  I  E  L  D  S  F  L  H  D  S  U  Q  M
```

BRAZENING	FROWNS	REWIRES
CHEERILY	GROWTH	SHIELDS
COLLAPSED	GYMNASIUM	SWARTHIER
COMBATED	HIDING	
CYGNETS	PERFORCE	
DIOCESAN	PLIABILITY	
ENTRUSTING	PROTESTATION	
FACSIMILED	REMARKING	

Assorted Words 36

```
I  M  P  R  E  S  S  I  V  E  L  Y  B  E  N
O  N  D  O  M  I  N  E  E  R  I  N  G  V  O
S  B  E  D  D  E  T  A  U  N  I  S  N  I  N
H  R  G  X  B  E  S  C  H  E  W  E  D  P  P
L  G  E  Y  N  Z  T  C  S  C  J  N  R  F  L
Y  E  N  N  E  I  E  A  A  C  F  L  Y  Y  U
O  L  E  I  R  X  A  D  C  L  S  I  S  K  S
C  P  R  R  R  U  Y  L  I  R  A  E  L  B  E
E  A  A  E  I  E  B  Q  R  T  U  T  G  D  S
A  W  T  S  G  E  T  R  M  E  I  F  E  I  X
N  N  E  T  S  A  R  S  E  N  V  N  I  D  F
S  S  S  Y  K  G  E  I  U  T  R  O  G  B  T
S  H  O  A  E  Z  T  M  T  M  F  I  Y  J  W
C  O  N  G  R  E  S  S  I  O  N  A  L  A  N
S  P  V  W  A  L  E  G  I  B  I  L  I  T  Y
```

AFTERBURNERS
BIFURCATE
BLEARILY
CONGRESSIONAL
DEGENERATES
DOMINEERING
EDITING
ESCALATED

ESCHEWED
IMPRESSIVELY
INSINUATED
LEERIER
LEGIBILITY
MEAGERLY
MUSTERING
NONPLUSES

OCEANS
OVERLAIN
PAWNSHOP

Assorted Words 37

```
M  L  T  W  P  C  L  L  U  A  H  R  E  V  O
O  U  L  D  R  E  H  T  M  C  C  F  L  S  D
D  D  F  V  I  M  Q  A  S  A  E  K  B  H  X
I  D  A  V  T  J  L  I  N  E  R  K  N  T  O
C  Y  U  Z  H  L  E  D  P  C  T  G  A  E  L
U  A  I  X  E  R  O  N  A  U  I  S  I  P  B
M  Z  I  W  E  D  T  B  N  N  F  E  A  P  S
O  U  Y  S  S  Z  A  N  S  Y  I  R  S  H  E
F  C  D  M  E  T  R  C  Y  M  C  E  H  T  C
A  S  T  O  U  N  D  I  N  G  A  W  A  K  U
O  L  E  V  B  W  M  X  G  Q  T  N  P  Y  C
D  E  S  A  L  I  N  A  T  E  E  V  I  N  J
Z  Y  E  T  A  G  E  R  G  E  S  E  D  A  S
A  S  X  E  O  Y  D  R  E  A  M  L  E  S  S
C  I  G  O  L  A  V  I  S  H  N  E  S  S  I
```

AMNESIAC	DESEGREGATE	OVERHAUL
ANOREXIA	DREAMLESS	PANSY
ASTOUNDING	EPIGRAM	PRITHEES
CERTIFICATES	LAVISHNESS	SPAKE
CHANCIEST	LEOTARD	
CHASTEST	LOGIC	
DAZED	MANIAS	
DESALINATE	MODICUM	

Assorted Words 38

```
L  E  R  G  N  O  M  D  M  O  N  T  H  L  Y
T  S  E  I  H  S  U  P  W  J  W  B  L  Z  U
D  R  G  T  S  E  M  O  S  E  U  R  G  E  J
M  E  P  N  E  E  Q  X  R  E  L  G  G  U  J
T  P  N  Q  I  G  K  D  B  W  R  L  R  V  A
X  E  W  I  B  R  N  A  E  I  L  T  I  F  W
Y  R  P  H  A  O  E  A  T  C  F  H  Y  N  S
B  C  D  E  D  R  S  E  H  S  I  T  E  F  G
F  U  I  N  A  D  G  P  N  C  I  L  S  B  T
P  S  S  C  Q  I  Q  N  N  A  X  M  O  A  X
G  S  B  H  U  B  I  G  I  A  C  E  T  P  Q
T  I  U  M  E  B  W  X  K  E  H  C  V  J  V
I  O  R  A  O  L  N  E  F  O  R  P  U  B  I
M  N  S  N  U  E  E  Z  C  U  I  T  R  B  X
M  S  E  M  S  S  K  D  A  X  Q  K  A  O  M
```

AQUEOUS	GRUESOMEST	ORPHAN
BUCCANEERING	HENCHMAN	POLICED
BUSHELED	IBUPROFEN	PUSHIEST
DIBBLES	INGRAINED	REPERCUSSIONS
DISBURSE	JUGGLER	
DWELLING	MISTAKE	
EXCHANGE	MONGREL	
FETISHES	MONTHLY	

Assorted Words 39

```
J  S  R  O  T  A  V  I  T  L  U  C  D  U  M
G  H  F  D  A  F  L  N  O  I  T  C  E  R  E
Q  N  D  H  A  R  V  E  S  T  S  T  T  D  C
A  E  I  O  D  E  S  P  O  T  I  S  M  I  Q
W  C  S  T  O  S  O  U  N  D  E  D  N  P  F
C  R  O  L  E  H  C  A  B  W  C  F  B  S  L
V  H  C  L  A  P  T  F  Z  X  U  U  A  O  U
D  S  A  O  O  C  R  L  E  G  B  M  B  M  O
S  E  R  G  M  S  I  A  U  E  I  I  S  A  R
N  Y  C  E  R  P  S  M  C  D  C  G  T  N  E
I  H  Y  A  L  I  E  U  E  M  A  A  I  I  S
P  M  C  F  D  G  N  T  S  H  L  T  N  A  C
I  C  Y  I  Y  E  G  I  E  E  C  I  E  H  I
N  F  A  G  Q  X  N  I  N  D  S  O  N  R  N
G  W  X  H  U  F  E  T  G  G  P  N  T  U  G
```

ABSTINENT	COMPETED	FUMIGATION
ADULTHOOD	CUBICAL	GIGGLERS
AFRESH	CULTIVATORS	HARVESTS
BACHELOR	DECADENT	SNIPING
CARPETING	DESPOTISM	SOUNDED
CHAGRINING	DIPSOMANIA	
CHEMICALS	ERECTION	
COLOSSUSES	FLUORESCING	

Assorted Words 40

```
F  S  E  I  R  A  M  R  I  F  N  I  C  Z  P
S  T  N  I  O  P  N  I  P  N  N  A  V  H  R
J  H  N  O  B  P  S  Y  B  A  R  I  T  I  C
R  H  O  A  G  S  N  N  R  E  T  T  A  L  S
E  A  B  X  Z  T  L  E  G  E  C  D  F  Q  I
L  Q  L  X  Q  I  A  I  T  H  H  B  N  E  Y
I  B  E  M  D  E  N  E  V  A  R  T  N  O  C
N  T  B  Y  U  A  R  G  H  E  T  U  A  P  U
Q  K  N  U  P  S  P  Z  O  W  D  U  N  E  I
U  C  H  A  S  E  R  T  O  C  I  R  P  A  F
I  F  B  N  L  H  R  E  N  A  B  R  U  M  C
S  I  L  H  A  S  Y  M  M  E  T  R  Y  R  A
H  P  O  C  K  E  T  F  U  L  S  C  A  Q  T
R  E  T  R  O  R  O  C  K  E  T  S  V  G  H
M  O  G  H  L  E  T  H  A  R  G  I  C  E  Y
```

AMPUTATE	DEVILS	RETROROCKET
APRICOT	ENNOBLE	SLATTERN
APTNESS	FEATHERY	SPUNK
ASYMMETRY	INFIRMARIES	SYBARITIC
BUSHY	LETHARGIC	URBANER
CHASER	PINPOINTS	WHEAT
COGNIZANT	POCKETFULS	
CONTRAVENED	RELINQUISH	

Assorted Words 41

```
E  C  N  A  P  P  U  E  M  O  C  O  U  P  L
I  O  H  Y  P  E  R  C  R  I  T  I  C  A  L
S  T  N  E  M  E  V  O  R  P  M  I  L  L  D
B  L  U  N  D  E  R  B  U  S  S  E  S  I  H
C  H  A  N  D  E  L  I  E  R  R  G  B  S  Y
Z  C  T  D  O  Y  L  I  T  R  A  E  H  A  D
U  M  G  N  I  E  E  R  C  E  D  T  S  D  R
S  C  O  N  G  R  U  I  T  Y  A  P  U  E  O
T  S  S  O  O  W  B  D  B  S  P  E  R  S  C
L  S  E  G  N  I  S  S  A  M  T  E  R  Z  A
R  S  E  N  H  L  G  R  N  I  A  R  O  V  R
S  C  H  H  D  X  I  F  G  T  B  A  U  O  B
F  M  B  I  T  W  C  T  L  H  L  G  N  D  O
A  C  Q  T  R  I  E  H  E  S  E  E  D  T  N
U  H  R  L  V  K  L  L  S  M  A  S  S  E  S
```

ADAPTABLE	HEARTILY	MOONLIT
BANGLES	HYDROCARBONS	PALISADES
BLUNDERBUSSES	HYPERCRITICAL	PEERAGES
BRIDALS	IMPROVEMENTS	SHIRK
CHANDELIER	LEWDNESS	SMITHS
COMEUPPANCE	LITHEST	SURROUNDS
CONGRUITY	MASSES	
DECREEING	MASSING	

Assorted Words 42

```
A  O  T  Y  S  R  E  M  R  O  D  N  B  P  G
L  T  D  N  D  E  X  T  R  O  U  S  F  B  Y
F  T  T  E  U  S  I  S  E  H  T  I  T  N  A
H  E  A  I  T  O  T  T  P  R  O  F  E  S  S
O  F  U  T  T  A  M  R  I  W  U  K  L  V  F
B  F  I  Q  D  U  I  S  O  L  R  S  V  F  Z
B  U  M  C  I  X  D  C  I  S  A  F  N  Y  Y
L  S  M  J  R  T  D  I  E  D  N  S  G  E  O
E  I  O  C  T  L  U  Q  N  R  O  O  U  X  F
S  V  B  J  I  S  Q  O  F  I  P  O  C  A  Z
S  E  I  F  E  I  H  I  B  E  Z  P  D  V  C
X  L  L  E  R  S  X  O  H  R  Q  E  A  L  Y
P  Y  I  N  C  R  E  M  E  N  T  E  D  D  E
B  E  T  F  U  N  D  A  M  E  N  T  A  L  S
H  U  Y  G  N  I  S  I  C  R  E  X  E  P  X
```

ANTITHESIS	DISMOUNT	IMMOBILITY
APPRECIATED	DOODLE	INCREMENTED
ATTITUDINIZED	DORMERS	PROFESS
BOUTIQUE	EFFUSIVELY	
CAUSALITIES	ENSURE	
CONSORTS	EXERCISING	
DEXTROUS	FUNDAMENTALS	
DIRTIER	HOBBLES	

Assorted Words 43

```
A D W L S S E N E L B M U H T
C I Y L L A C I T A M G I N E
T Z Q N I N F O R M E R P M S
Q Z D E K O O C R E V O F A I
T I C C I B O H P O M O H N N
D N D E R E T S U M H V S I F
M E Q O O I G A D A C E U F I
U S N J W U V N R S K D T O L
L S B I P L H O I C G D X L T
A K N E A D E D R T H M H D R
T K K Z S W O T Q Y R W X E A
T U S S L E S U T E F O A D T
O N I O L F A X L G M P G Y E
E F H M C O N D O L E N C E S
S V N O T I O N S C B Z J G N
```

ADAGIO
ARCHWAYS
CONDOLENCES
COXSWAINED
DIZZINESS
ENIGMATICALLY
FETUS
GROOVED

HOMOPHOBIC
HUMBLENESS
INFILTRATES
INFORMER
KNEADED
MANIFOLDED
MULATTOES
MUSTERED

NITROGEN
NOTIONS
OVERCOOKED
OWLET
TUSSLE

Assorted Words 44

```
G  G  G  S  Y  E  Y  R  T  E  U  Q  R  A  M
E  R  N  I  E  Y  L  W  S  Y  E  Q  F  M  L
C  S  E  I  W  C  B  B  L  Z  N  I  P  L  T
P  H  U  Q  R  I  N  R  A  H  T  L  L  F  R
C  Y  N  O  S  U  R  E  A  R  R  I  U  C  I
T  E  D  X  H  R  T  E  D  E  E  A  R  R  C
K  E  I  I  V  G  E  A  P  A  N  T  A  U  K
X  F  M  S  A  L  O  F  N  R  C  R  L  M  L
U  V  G  P  N  D  Q  D  Z  T  H  E  I  I  E
C  I  M  P  O  S  E  D  C  I  E  K  Z  N  F
R  A  F  F  I  A  X  M  T  F  D  K  E  A  O
Y  F  M  O  P  P  E  T  S  I  B  E  S  T  V
I  M  P  E  N  I  T  E  N  C  E  D  G  E  Z
W  S  X  B  H  W  C  A  T  E  R  W  A  U  L
P  R  O  T  E  C  T  E  D  S  D  E  E  R  J
```

ARTIFICES
CADENCES
CATERWAUL
CYNOSURE
DIADEMS
DOGHOUSE
ENTRENCHED
FILTERABLE

IMPENITENCE
IMPOSED
MARQUETRY
MOPPETS
NATURING
NEARBY
PERIWIG
PLURALIZES

PROTECTED
RAFFIA
REEDS
RUMINATE
TEMPO
TREKKED
TRICKLE

Assorted Words 45

```
S  A  Y  P  P  G  N  I  K  N  A  R  T  U  O
A  D  D  T  T  S  S  E  N  I  L  R  U  S  C
M  E  B  E  I  F  U  E  P  O  C  K  E  T  R
P  E  G  V  N  R  P  O  I  V  D  W  N  H  Y
L  N  L  A  S  G  E  N  G  R  D  L  H  A  S
E  F  P  E  T  L  I  C  I  N  I  K  D  R  T
M  O  H  O  C  N  U  L  N  L  O  U  Q  X  A
O  R  O  R  D  T  I  O  A  I  B  M  Q  M  L
S  C  N  X  D  F  O  V  H  M  S  O  U  N  L
S  I  E  N  C  O  U  R  A  G  I  N  G  H  I
I  N  T  G  Y  M  N  A  S  I  U  M  S  H  Z
E  G  I  K  E  I  J  L  C  O  F  F  E  E  E
S  H  C  S  V  U  A  P  P  A  R  A  T  U  S
T  J  S  D  E  C  A  N  T  I  N  G  H  V  O
O  V  E  R  S  E  E  I  N  G  K  I  M  E  U
```

APPARATUS	GOBLIN	PHONETICS
COFFEE	GYMNASIUMS	POCKET
CRYSTALLIZES	HUMONGOUS	SAMPLE
DECANTING	INQUIRIES	SINCERITY
ELECTORS	MALIGNED	SURLINESS
ENCOURAGING	MOSSIES	VINTAGE
ENFORCING	OUTRANKING	
GHOULS	OVERSEEING	

Assorted Words 46

```
O  T  C  Y  B  T  T  G  N  I  L  C  A  R  O
M  A  R  S  U  P  I  A  L  S  W  A  P  P  W
S  T  A  W  C  S  H  N  B  Z  D  C  I  O  N
O  E  R  S  K  B  N  U  T  U  J  O  R  L  E
E  A  S  C  L  A  R  M  L  E  J  P  A  Y  G
P  T  R  I  E  W  Y  A  E  L  D  H  T  N  O
O  I  Q  G  R  L  G  B  S  D  I  O  I  O  T
V  M  W  Z  G  E  R  M  S  S  N  N  N  M  I
E  E  J  B  H  D  T  W  E  A  Y  O  G  I  A
R  D  E  A  L  E  R  S  Q  B  U  U  C  A  T
S  T  R  I  K  E  R  T  U  O  N  S  H  L  O
T  H  O  T  S  H  O  T  D  G  J  Z  N  S  R
A  P  A  R  A  K  E  E  T  S  U  N  L  G  S
Y  O  R  Q  T  S  I  C  I  S  S  A  L  C  Q
S  T  H  G  N  I  T  A  L  F  E  D  V  Y  Z
```

AUGUSTER	DEFLATING	PARAKEETS
BAWLED	GERMS	PIRATING
BRASSY	HOTSHOT	POLYNOMIAL
BUCKLER	HULLING	RISES
CACOPHONOUS	MARSUPIALS	STRIKER
CLASSICIST	NEGOTIATOR	TEATIME
CONDEMNS	ORACLING	TINTED
DEALERS	OVERSTAYS	

Assorted Words 47

```
S  V  A  A  D  Z  W  F  M  R  J  Q  E  P  W
T  S  P  F  C  Y  N  I  A  L  L  I  V  R  J
P  A  E  P  I  I  G  I  R  O  O  L  S  O  G
L  E  D  N  D  R  D  D  K  C  C  L  T  C  C
S  A  L  U  E  E  M  I  S  N  O  C  A  E  D
I  C  E  B  L  R  T  A  F  T  M  P  T  S  X
W  W  R  S  A  T  O  C  M  I  M  M  U  S  S
D  E  T  E  N  T  E  S  U  E  E  Q  E  E  N
F  I  Q  L  P  U  I  R  T  R  N  D  T  D  O
I  M  T  U  F  P  C  D  A  E  T  T  G  O  O
F  O  S  Y  B  Z  I  D  E  T  L  S  E  J  P
T  C  S  E  C  N  E  L  A  V  E  B  E  T  S
I  E  T  A  I  C  I  F  F  O  Y  I  U  D  X
E  Y  V  O  L  A  G  N  I  R  A  E  G  O  U
S  U  W  P  G  Y  T  I  L  A  M  R  O  N  D
```

ACIDIFIED	FIFTIES	SNOOPS
ADULTERATE	FIRMAMENT	SORENESS
COMMENT	FLIPPER	STATUETTE
DEACONS	GEARING	UNSEAL
DESTRUCTED	MARKS	VALENCES
DETENTES	NORMALITY	VILLAINY
DOUBLETS	OFFICIATE	
EDITABLE	PROCESSED	

Assorted Words 48

```
S  D  H  U  G  T  Q  T  S  R  E  V  L  O  S
L  L  F  E  I  G  E  R  V  C  M  R  X  D  W
A  S  A  Y  B  A  W  R  J  A  Q  O  Z  D  R
L  Q  S  N  B  S  S  Q  A  N  B  H  D  P  E
O  U  N  W  O  S  R  E  E  N  S  W  C  A  S
U  A  E  H  N  I  P  J  G  I  I  I  A  I  T
D  L  M  C  E  N  T  Q  M  N  C  M  G  L  A
M  O  I  L  H  G  T  C  B  G  A  D  C  F  U
O  R  S  F  Z  E  T  M  E  K  P  R  A  U  R
U  C  R  O  O  N  E  R  O  R  T  Z  R  L  A
T  G  E  P  Q  R  J  R  A  B  I  X  I  A  N
H  R  A  M  H  L  G  H  S  P  V  D  B  I  T
E  X  D  E  L  I  O  E  R  E  E  Q  O  R  S
D  F  S  V  G  G  L  C  R  M  S  Z  U  S  A
Q  S  M  E  T  R  O  M  T  S  O  P  E  R  Z
```

ARRANGES	GASSING	POSTMORTEMS
CANNING	GIBBON	RESTAURANTS
CAPTIVES	LAIRS	SOLVERS
CARIBOU	LOUDMOUTHED	SQUALOR
CHEERSES	MINARET	TRAPEZE
CROONER	MISREADS	
DIRECTIONALS	OILED	
FORGERS	PAILFUL	

Assorted Words 49

```
Y  L  A  U  X  E  S  O  R  E  T  E  H  S  Y
G  U  D  U  C  T  I  L  E  E  Z  C  E  E  H
W  N  E  E  S  Y  S  N  P  G  W  F  M  Q  A
L  S  I  H  N  U  L  A  A  Z  U  O  F  U  U
Y  K  M  T  P  I  A  S  I  M  O  K  P  E  Z
X  I  P  O  T  O  L  L  U  G  W  C  X  L  I
R  L  A  U  K  E  R  S  L  O  O  O  T  S  N
A  L  T  T  W  I  S  T  E  E  L  L  N  L  C
K  E  I  I  A  S  V  N  S  H  G  A  O  S  R
I  D  E  N  W  M  B  X  O  A  T  R  E  P  E
S  M  N  G  M  S  K  I  L  L  T  O  O  J  A
H  O  T  L  E  P  A  C  S  D  N  A  L  O  S
L  B  L  O  C  A  L  E  S  U  Z  D  C  C  I
Y  H  Y  I  N  C  R  I  M  I  N  A  T  E  N
J  L  U  A  K  L  O  N  E  L  I  E  S  T  G
```

ALLEGRO	INCRIMINATE	POWER
APOLOGIAS	JEALOUSLY	RAKISHLY
CATASTROPHE	KILOS	SEQUELS
CLOTHESLINED	LANDSCAPE	SKILL
DUCTILE	LOCALE	SNOWMAN
HETEROSEXUAL	LONELIEST	UNSKILLED
IMPATIENTLY	ONSETTING	
INCREASING	OUTING	

Assorted Words 50

```
P  S  L  D  F  R  U  I  T  F  U  L  L  E  R
J  T  D  M  I  N  I  C  O  M  P  U  T  E  R
I  I  E  N  N  H  U  M  D  R  U  M  R  R  I
R  L  S  N  O  C  L  A  F  M  T  S  D  P  L
S  E  C  D  E  C  A  P  I  T  A  T  I  O  N
L  E  E  M  E  Q  W  F  M  U  D  D  A  F  S
G  U  N  N  Y  D  U  O  E  B  V  S  G  V  A
R  S  D  O  L  M  I  O  L  H  O  U  R  A  C
V  A  S  H  T  I  W  L  T  M  C  S  A  N  R
I  D  D  Y  U  S  S  G  E  A  A  P  M  Q  I
D  I  I  I  M  R  N  T  D  O  T  E  M  U  F
E  S  B  I  A  N  R  W  S  L  I  C  A  I  I
O  T  T  D  V  N  Y  Y  O  S  N  T  T  S  C
E  I  B  R  I  M  C  S  A  R  G  S  I  H  E
D  C  Y  I  E  L  M  E  N  X  B  W  C  V  S
```

ADVOCATING	GUNNY	SACRIFICES
BROWNSTONES	HUMDRUM	SADISTIC
DECAPITATION	HURRY	STILE
DESCENDS	MELTED	SUSPECTS
DIAGRAMMATIC	MINICOMPUTER	VANQUISH
ELIDED	QUOTA	VIDEOED
FALCONS	RADIANCE	
FRUITFULLER	REENLISTS	

Assorted Words 51

```
W F M S R E C N A M O R C E N
M P R A H D E R I M G A U Q L
E H R Z R T H C F F U Q U G D
S R A P G E U X E F I F O W Z
L A Q T A N S O J U Q E F D M
I S U M T T I T M K Q H N S P
B E I O E E C R E N I V I D U
E S B N V R D U O T O O M B S
R T B G I P O R D T C T Z Z H
T Z L O R R S M K O S O T J E
I W E L L I E L R J R E J O D
N R S I Y S C T L E J P R R C
E I Y S O I G B S E V H Y Q I
B S Y M W N J E Z A M E K B E
Y T I L A G E L L I V S N L T
```

BYPRODUCT
COTTONMOUTHS
DIVINER
ENTERPRISING
FIEND
HATTED
ILLEGALITY
LIBERTINE

MARES
MONGOLISM
MUFFS
NECROMANCERS
NEVERMORE
OCTETS
PHRASES
PUSHED

QUAGMIRED
QUIBBLES
RESTORING
SMELLS
VASTER
WRIST

Assorted Words 52

```
O  S  D  I  A  M  S  E  D  I  R  B  S  X  Q
L  U  Z  E  L  B  A  L  L  O  R  T  N  O  C
C  B  O  I  L  E  D  P  A  N  D  I  K  A  D
I  B  D  D  B  L  E  L  B  A  U  L  A  V  E
T  O  E  I  B  L  A  M  E  W  O  R  T  H  Y
R  N  C  O  C  O  N  D  O  H  L  O  H  V  I
O  E  E  S  T  C  U  H  E  Y  S  A  Y  O  N
N  M  P  G  E  O  L  N  S  P  L  U  S  T  V
E  A  T  D  N  S  J  G  G  U  K  Y  B  A  E
L  C  I  K  X  I  S  U  M  U  T  C  S  R  R
L  I  O  I  X  E  T  U  S  O  A  A  A  Y  S
A  A  N  P  D  S  M  N  W  P  T  R  I  B  I
Z  T  S  T  D  E  S  U  O  H  G  O  D  H  O
D  E  T  A  G  I  R  R  I  C  C  U  R  E  N
X  S  U  O  I  D  I  T  S  A  F  M  Z  B  D
```

BACKPEDALLED
BLAMEWORTHY
BOILED
BRIDESMAIDS
BUSHEL
CITRONELLA
CONDO
CONTINGENT

CONTROLLABLE
COSIES
DECEPTIONS
DOGHOUSE
EMACIATES
FASTIDIOUS
HIATUS
INVERSION

IRRIGATED
KIDNAP
MOTOR
UNGUARDED
VALUABLE
VOTARY
WUSSES

Assorted Words 53

```
O  U  J  R  P  U  N  K  E  S  T  G  O  F  M
M  V  L  F  I  N  J  U  D  I  C  I  O  U  S
T  S  E  L  L  A  M  S  I  D  R  O  C  H  E
S  T  N  A  R  R  U  C  N  K  M  K  S  Y  M
C  T  S  O  T  D  E  T  A  E  R  T  E  R  B
O  E  L  E  I  E  P  K  G  N  I  T  O  O  R
V  R  R  U  N  S  S  A  C  Q  L  U  F  W  A
E  R  S  O  A  R  S  E  G  I  K  P  S  O  C
R  A  P  V  S  F  A  U  P  A  N  F  H  A  E
T  P  E  K  A  T  E  E  C  N  N  C  D  D  S
H  I  A  S  C  T  O  D  N  N  Q  I  I  T  Y
R  N  K  F  F  E  R  O  C  I  O  U  S  P  L
O  S  S  B  M  O  W  X  F  X  O  C  K  M  E
W  K  J  W  X  X  E  V  I  T  A  R  E  T  I
H  O  O  K  I  E  S  T  S  E  I  D  N  I  W
```

AWFUL	FOOTSORE	PUNKEST
CONCUSSIONS	HOOKIEST	RETREATED
CURRANTS	INJUDICIOUS	ROOTING
DEFAULTS	ITERATIVE	SPEAKS
DISMALLEST	OVERTHROW	TERRAPINS
EARNEST	PAGANISM	WINDIEST
EMBRACES	PESETA	WOMBS
FEROCIOUS	PICNICKER	

Assorted Words 54

```
W  C  S  C  H  E  D  U  L  E  S  T  R  D  R
T  O  B  F  U  N  N  E  L  I  N  G  T  T  E
X  N  X  L  K  C  O  L  T  N  I  L  F  T  V
S  S  I  V  J  X  D  B  S  P  W  I  O  V  I
P  E  W  O  B  C  Y  U  R  N  R  B  Z  R  V
U  Q  X  M  P  R  L  F  O  I  A  E  D  A  I
N  U  N  D  I  Y  H  U  P  D  D  I  C  T  F
S  E  I  N  O  C  L  A  B  A  E  G  L  X  I
O  N  M  C  E  E  H  I  I  F  C  N  I  E  E
L  T  K  B  F  B  J  J  W  R  O  D  U  N  D
V  U  J  R  E  K  N  A  R  F  F  O  A  M  G
E  H  B  U  G  R  A  P  P  L  E  I  T  M  S
D  A  P  P  U  R  T  E  N  A  N  C  E  O  V
W  N  Y  L  B  A  V  R  E  S  B  O  R  L  L
E  T  A  R  U  S  N  E  M  M  O  C  V  F  D
```

AIRFIELD	EMBER	POINT
APPURTENANCE	EXCERPTED	REVIVIFIED
BALCONIES	FLINTLOCK	SCHEDULES
BRIDGING	FRANKER	SNAILED
CLUBFOOT	FUNNELING	UNSOLVED
COMMENSURATE	GRAPPLE	
CONSEQUENT	MADCAP	
DUODENUMS	OBSERVABLY	

Assorted Words 55

```
D E H T I M P R E G N A T E S
I Q M G N I M R A E R O F K H
N D M P G Z T C O K V O U G C
S H A I L S T O N E Q A B O G
I Y E J L O J K G G N W R G O
N S L E I K Y X Z N D G E G V
C I W T E F E A M Z I B P M E
E D O O R T O R B H C R R O R
R E R Q X E A M Q L K J O D A
I T D N C A P T U R E S C E N
T R I C D R T X U F R A E R X
Y A E V I T A D E M I Y S N I
Z C R G W R A P T T N I S I O
P K Y L L I R H S F G N E T U
D E D U C I B L E X D G D Y S
```

CAPTURES	GRAVE	OVERANXIOUS
CRAPS	HAILSTONE	REPROCESSED
DATIVE	IMPREGNATES	SAYING
DEDUCIBLE	INGOT	SHRILLY
DICKERING	INSINCERITY	SIDETRACK
EMPLOYABLE	MILKER	WORDIER
EXPERTLY	MODERNITY	WRAPT
FOREARMING	MUTATE	

Assorted Words 56

```
S O C L B A S T I R E T E R P
B S D B E R S R O Y E V R U P
A U E G T A U C A S X D Q B Q
I D R N W S S E P Y N A S H
L P A Z I W U R H R S T T Z Z
S O N P X G R B E X T D E Z B
P I T O T I G K L S K A L K Y
U N I I B E L O P I U S I E A
G T C Q U D D L S Q M O E N F
I I L V I S A G E S D A R G S
L E I T I R E D I G M K T A F
I R M F F U T S R N I O L E C
S L A N O G A T N E P B Y G S
M B X P E R I P H E R A L S C
V N G Q N A M T N A H C R E M
```

ADAPTED
ANTICLIMAX
ASCERTAINS
ATELIER
BAILS
BETWIXT
BRUSH
CAROUSERS

FELDSPAR
GRADS
ILLEGIBLE
MERCHANTMAN
PENTAGONALS
PERIPHERALS
POINTIER
PRETERITS

PUGILISM
PURVEYORS
SOGGINESS
STUFF
SUBLIMATES
TIRED
VISAGES

Assorted Words 57

```
L  V  G  S  R  E  I  F  I  C  A  P  E  U  D
B  Y  H  N  N  Y  K  F  M  O  B  U  S  H  S
R  O  R  Q  I  A  C  Q  A  N  W  W  U  N  F
E  G  A  E  R  B  L  H  M  C  N  G  P  J  R
V  P  N  E  L  B  O  K  M  E  D  H  E  O  E
I  R  P  I  H  T  T  L  A  A  K  E  R  M  Q
T  O  T  I  L  C  U  D  A  L  M  R  M  R  U
A  N  D  D  N  L  R  C  E  S  O  M  E  E  E
L  O  P  F  L  T  E  A  Z  R  S  I  N  C  S
I  U  X  C  X  B  S  P  L  V  E  T  D  O  T
Z  N  E  R  V  E  L  E  S  S  A  P  K  P  I
E  S  S  J  H  A  G  G  L  I  N  G  P  I  N
S  M  A  H  A  R  A  J  A  V  D  L  I  E  G
Z  P  R  E  H  E  A  T  I  N  G  Q  H  D  P
C  Z  Y  L  T  N  E  I  C  I  F  O  R  P  X
```

ALKALOID	LOBING	PROFICIENTLY
CLOTURE	MAHARAJA	PRONOUNS
CONCEALS	MAMMA	RECOPIED
CUTLERY	NERVELESS	REQUESTING
DISPELLING	PACIFIERS	REVITALIZES
HAGGLING	PEPPERED	SUPERMEN
HERMIT	PINTS	
LARCH	PREHEATING	

Assorted Words 58

```
S  Z  D  O  P  R  I  V  E  T  S  S  H  O  H
T  R  W  B  R  L  B  S  N  I  P  S  J  K  R
R  H  E  D  D  E  A  G  T  L  L  P  Q  E  G
F  R  L  T  O  E  N  G  L  S  C  I  V  O  D
Y  U  L  P  S  E  S  I  I  O  O  A  T  C  U
R  A  E  I  D  A  R  E  L  A  S  O  R  H  G
E  P  D  Q  N  E  C  S  G  L  R  S  R  L  E
P  G  I  J  H  E  T  D  E  A  I  I  I  G  N
R  H  U  L  V  V  U  S  N  I  S  M  S  E  E
O  S  E  H  S  A  M  P  I  A  R  I  W  T  R
D  H  T  O  R  W  I  H  G  X  R  W  V  E  A
U  P  L  J  B  U  O  H  M  F  E  R  O  N  T
C  N  W  O  T  P  U  C  A  B  R  O  E  D  E
E  C  N  A  R  A  E  P  P  A  E  R  C  U  G
D  I  E  W  N  N  O  I  T  I  S  O  P  X  E
```

CASTER	ERRAND	PLAGIARIST
COEXISTED	EXPOSITION	PRIVETS
COWSLIP	GENERATE	REAPPEARANCE
DOERS	GLOSSIER	REPRODUCED
DOWRIES	LINEUP	ROOSTS
DWELLED	LITHE	SPINS
ENIGMA	MASHES	UPTOWN
ENVISAGES	MILLINER	WROTH

Assorted Words 59

```
U Y E Y T S D S V U B M B R N
Z F F E L I W E R B H I K F
X L L U F T Y A L L B I V F M
K J I S Y D C D R L G V O O U
M V U O E M E E D A G U A S
Y T H T R E B M R I E P A U I
P L R C J B H M M I F R C G C
E R T D A M A S K E D I K N A
R E E N P K M L N Z H A E A L
Q M S T A U T O M A T E D D E
Y N R S Z T K A C N B F P Q S
T H R C E E I A T S E I S J F
H Q L P D L L L D N I C S E R
B A Y K P H A S I N G Z P M D
I S A U N T E R S M T M J N E
```

AUTOMATED	GAGGLES	REDRAWS
BANSHEES	HEMMED	RESCIND
BERTH	LESSEE	SAUNTERS
BIVOUACKED	MILITANTLY	SIESTA
BROIL	MUSICALES	
DAMASKED	PALLED	
DEIFIED	PHASING	
DIRECTLY	PRETZELS	

Assorted Words 60

```
Y  A  X  D  G  H  S  E  R  I  P  S  E  R  F
V  L  E  E  E  N  G  E  L  F  F  I  N  S  E
C  O  N  F  I  N  I  N  G  S  L  I  O  P  S
J  W  I  E  S  Y  R  R  I  X  I  W  S  G  T
W  Y  S  N  S  S  L  R  A  R  A  D  S  E  I
Y  I  H  D  D  E  E  G  C  E  O  F  B  N  V
A  T  L  S  V  E  I  N  N  H  P  L  O  U  I
S  J  I  O  H  B  F  T  D  I  A  P  P  S  T
F  M  R  N  C  C  R  I  I  R  S  I  A  E  Y
E  Q  L  X  I  C  R  L  N  T  A  U  R  S  D
S  A  W  A  B  L  O  O  D  I  N  W  C  C  E
T  N  E  C  S  K  A  R  P  X  T  E  R  C  I
J  U  Q  D  R  P  Z  K  B  Z  Y  E  N  O  A
F  Q  U  A  D  R  I  L  L  E  D  N  L  O  F
E  C  C  E  N  T  R  I  C  A  L  L  Y  Y  N
```

ACCUSINGLY	DEPLORING	PSALMS
ALKALINITY	ECCENTRICALLY	QUADRILLED
APPEARING	FESTIVITY	RESPIRES
BLOOD	FORWARDNESS	SCENT
BROCCOLI	GENUSES	SNIFFLE
CHAIR	INDEFINITELY	SPOILS
CONFINING	NONENTITIES	
DEFENDS	PORCH	

Assorted Words 61

```
H  O  M  E  O  W  N  E  R  M  U  X  Q  W  G
A  N  P  O  C  K  E  T  F  U  L  S  S  S  I
F  R  Q  Y  M  O  O  R  H  S  U  M  H  U  N
Y  C  H  U  R  C  H  M  E  N  B  E  A  O  D
S  T  A  S  U  N  D  V  G  G  X  N  K  P  I
I  A  I  O  S  W  E  P  J  V  A  C  E  R  S
N  S  C  L  T  S  H  Z  O  W  S  W  D  E  P
E  L  P  M  I  S  O  O  I  G  E  Q  O  N  E
U  S  I  N  E  B  M  D  T  T  M  Z  W  D  N
N  L  O  E  S  O  A  O  C  O  I  D  N  I  S
S  A  Y  G  T  O  G  R  E  D  T  C  S  T  A
T  G  H  C  K  Y  E  X  I  B  O  T  Z  I  B
O  E  P  G  J  N  S  F  F  S  N  R  I  O  L
P  R  E  C  O  C  I  O  U  S  E  D  E  N  E
J  S  S  E  N  I  G  G  O  R  G  D  H  S  G
```

CHURCHMEN	INDISPENSABLE	SHAKEDOWNS
CITIZENRY	LAGERS	SIMPLE
DESIRABILITY	MUSHROOM	TOTTING
DOWAGER	POCKETFULS	UNSTOP
GINKGOS	PRECOCIOUS	
GROGGINESS	RENDITIONS	
HOMAGES	RUSTIEST	
HOMEOWNER	SEMITONE	

Assorted Words 62

```
Q  D  P  C  U  R  R  Y  C  O  M  B  S  Q  P
C  W  T  Y  I  P  D  O  Y  B  E  F  U  N  E
S  T  H  X  I  T  C  E  Z  L  U  L  J  N  E
E  G  E  D  D  B  S  S  T  S  A  Y  B  E  P
K  N  E  E  L  E  D  U  T  I  T  A  E  B  E
S  S  D  L  T  K  T  C  A  L  E  S  P  R  R
L  R  I  E  T  E  C  A  H  C  O  F  U  B  S
E  E  E  K  G  I  R  L  R  K  V  C  R  D  A
G  V  O  D  I  D  T  I  U  E  E  T  J  O  J
A  E  P  W  N  H  U  B  N  E  V  I  R  D  F
C  R  T  O  X  U  S  R  U  G  D  E  I  F  X
I  E  Y  R  F  V  S  A  D  S  A  J  S  B  B
E  N  A  M  V  R  M  T  D  W  P  W  L  S  A
S  C  M  Y  D  I  V  E  R  G  I  N  G  Z  A
D  E  P  O  L  L  U  T  E  R  S  B  V  S  V
```

ASSEVERATED	DASHIKIS	PEEPERS
BEATITUDE	DIVERGING	POLLUTERS
BUYER	DRIVEN	REVERENCE
CALIBRATE	DRUDGED	SUBTITLE
CAUSTIC	DUSTS	SUNDERS
CLUED	FORFEITED	TEETERING
COLTS	KNEELED	WORMY
CURRYCOMBS	LEGACIES	

Assorted Words 63

```
P  J  M  M  G  N  I  Y  L  R  E  V  O  S  N
P  R  N  F  A  N  J  M  B  O  S  T  S  E  V
O  X  O  A  N  U  I  Y  I  J  C  T  T  O  S
S  O  T  V  G  Z  Y  L  E  T  O  M  O  R  P
S  S  H  N  I  A  Y  E  P  H  A  S  Q  O  P
I  P  L  C  N  N  F  G  D  M  Y  T  K  T  L
B  E  K  I  G  C  C  R  E  D  A  K  I  M  I
L  R  M  E  A  L  I  E  R  V  Q  X  B  O  H
E  M  N  K  U  P  E  T  A  N  O  T  E  D  N
R  E  T  H  V  P  U  D  I  T  H  E  R  S  C
U  A  I  D  E  A  P  O  L  C  Y  C  N  E  L
V  T  K  Y  G  N  I  H  S  A  U  L  S  Y  B
U  E  O  O  V  E  R  R  U  L  E  S  I  A  B
L  D  K  P  S  S  E  N  H  S  I  P  M  I  J
A  C  H  A  R  A  C  T  E  R  I  Z  E  D  L
```

ASHING	IMITATION	PROMOTE
CHARACTERIZED	IMPISHNESS	PROVINCE
DERAILS	MEALIER	STOOL
DETONATE	OVERLYING	UVULA
DITHERS	OVERRULES	VESTS
ENCYCLOPAEDIA	PAILS	
EXAMPLING	PERMEATED	
GANGING	POSSIBLER	

Assorted Words 64

```
X  I  Y  T  I  L  I  B  O  M  M  I  P  H  G
O  E  X  C  A  V  A  T  E  S  B  J  C  S  E
J  P  R  I  D  E  S  M  Y  O  P  I  C  D  A
A  W  C  U  D  E  N  E  P  I  R  M  S  H  R
X  G  N  I  T  R  O  H  X  E  J  K  U  E  B
H  T  M  A  R  C  H  E  R  S  Q  H  U  M  N
U  W  C  O  N  F  E  S  S  I  O  N  A  L  E
R  R  R  A  C  A  T  T  L  E  M  E  N  O  O
R  E  I  F  R  F  G  N  I  U  G  R  A  C  N
Y  S  G  M  A  T  I  N  S  H  K  I  Y  K  A
I  T  O  G  B  L  X  E  R  F  C  C  C  S  T
N  L  X  B  U  S  P  E  J  V  Y  R  I  U  E
G  E  L  T  O  B  S  R  A  T  A  V  A  R  S
N  O  I  T  A  R  E  L  E  C  E  D  B  T  P
K  H  D  V  G  O  O  D  Y  D  E  T  S  O  P
```

ARCHITECTURE	EXHORTING	MUMPS
ARGUING	EXTRACT	MYOPIC
AVATARS	GOODY	NEONATES
CATTLEMEN	HEMLOCKS	POSTED
CONFESSIONAL	HURRYING	PRICK
DEBUGGER	IMMOBILITY	PRIDES
DECELERATION	MARCHERS	RIPENED
EXCAVATE	MATINS	WRESTLE

Assorted Words 65

```
M  D  E  C  E  L  E  R  A  T  I  O  N  G  S
E  O  A  L  B  U  M  S  D  E  K  C  A  M  S
U  C  F  A  L  R  E  U  E  Q  R  C  U  W  I
B  E  Y  S  P  E  A  G  L  H  R  Y  B  N  J
F  N  Z  S  E  I  T  N  D  U  C  A  I  C  H
E  T  T  I  N  I  A  T  D  U  D  L  M  U  A
J  Z  N  F  D  A  F  N  E  I  J  N  E  Y  R
O  B  N  Y  J  R  I  I  I  L  N  E  E  B  P
V  Q  G  I  K  M  A  D  T  S  E  G  R  P  S
I  G  P  N  W  O  S  P  E  C  S  V  F  P  I
A  D  L  G  I  O  P  Q  O  M  U  I  O  N  C
L  Q  Y  A  F  T  A  L  H  E  O  R  M  N  H
I  G  S  W  M  D  R  L  D  F  J  F  F  I  O
T  Q  J  C  O  O  K  I  U  J  R  F  I  G  R
Y  V  R  U  M  O  R  Q  G  W  V  U  F  Q  D
```

ALBUMS	GLAMOR	PREJUDGE
BELCHES	HARPSICHORD	RUMOR
BRANDING	JEOPARDIZE	SMACKED
CLASSIFYING	JOVIALITY	SPARK
DECELERATION	MEDIANS	
DOCENT	NOVELETTE	
FRUCTIFIES	PENDULUM	
GIRTING	PIANISSIMI	

Assorted Words 66

```
L  M  T  S  O  R  F  R  A  O  H  H  S  Z  B
S  D  Q  G  E  O  Y  R  L  A  V  A  C  C  X
Z  I  C  S  P  C  K  T  P  E  V  H  J  P  Z
P  C  H  K  L  L  I  B  R  E  G  A  M  A  Q
R  H  P  V  D  I  G  F  I  Y  B  Y  T  P  F
E  O  L  D  E  T  A  L  I  H  I  N  N  A  O
T  T  O  U  F  F  L  V  C  T  L  O  G  Y  R
E  O  W  P  E  A  L  C  A  L  R  W  X  A  A
N  M  S  R  A  S  E  V  Q  H  J  A  P  P  G
D  I  H  I  T  Y  R  Z  H  I  W  V  L  O  E
E  E  A  G  I  G  Y  T  G  B  H  Q  U  S  R
D  S  R  H  S  O  R  A  U  G  A  S  G  I  S
P  E  E  T  M  S  E  E  T  H  E  D  G  E  L
B  B  P  L  A  I  N  C  L  O  T  H  E  S  F
L  A  U  T  C  E  F  F  E  N  I  I  D  R  N
```

ANNIHILATED	GALLERY	POSIES
ARTIFICES	GERBIL	PRETENDED
AVAILS	HOARFROST	SAGUAROS
AVATAR	INEFFECTUAL	SEETHED
CAVALRY	PAPAYA	UPRIGHT
DEFEATISM	PLAINCLOTHES	
DICHOTOMIES	PLOWSHARE	
FORAGERS	PLUGGED	

Assorted Words 67

```
D L V S G N I R R I H S D Q E
S C B A S N M E N R R Y K Z V
C O I O F N I S F A M Y U I C
C D U V B A O V W Z K G T Q I
G J E T E M N I O O N V I L L
S N D L H T S N T R H I L T S
T E I E O W E I I E P R O V W
I Z S Y L D E L L N R S X H A
M M W A D L N S B A G C I N D
I N U I E N U O T M M R X D D
N W U I R C A N C E U I I E E
G Z H R N C I C N G R T N E D
T S G H S A W N I A R B S I F
F V T R E N R O B B U T S P M
S U P P L Y E C N A V E I R G
```

ANNULLED
BEHOLDER
BRAINWASH
CANDYING
CEASES
CIVET
CONDOLED
CRANIUM

DISPROVING
EXCRETIONS
FANNING
GRIEF
GRIEVANCE
HILTS
MINIMALISM
RAZOR

SHIRRINGS
SOUTHWESTER
STUBBORNER
STUMBLE
SUPPLY
TIMING
WADDED

Assorted Words 68

```
I  X  W  S  T  R  I  K  S  I  N  I  M  Q  R
X  I  V  K  Q  L  S  R  E  G  U  O  G  N  U
N  I  A  D  R  O  E  R  O  F  G  B  I  Z  S
M  H  B  J  S  C  I  X  E  L  S  Y  D  Y  W
E  P  A  R  C  Z  S  B  L  Y  T  O  X  I  C
T  Y  C  W  E  E  N  T  O  M  O  L  O  G  Y
S  F  N  X  A  A  A  G  L  O  W  L  J  L  B
R  T  A  R  O  O  T  S  J  X  X  F  P  M  W
E  E  S  H  O  R  A  H  B  X  M  P  O  M  E
R  X  D  I  S  B  G  N  I  S  A  I  L  A  E
H  E  H  W  F  K  T  B  S  E  D  B  E  U  P
F  Z  P  C  O  I  N  S  U  W  S  L  P  Q  I
Y  I  J  A  R  O  C  A  R  B  E  T  E  V  N
P  E  E  H  S  O  D  A  R  I  T  R  U  V  G
H  Z  X  P  R  T  P  A  P  C  F  O  S  G  V
```

AGLOW	ENTOMOLOGY	REPAST
ALIASING	FIRSTBORN	ROOTS
ANSWERS	FOREORDAIN	SHEEP
BREATHIEST	GOUGERS	TOXIC
CRANKSHAFT	MINISKIRTS	VELDS
CRAPE	PACIFISTS	WEEPING
DYSLEXICS	PORCH	
EMPLOYERS	REDWOOD	

Assorted Words 69

```
E N N O B L E M E N T T V T S
G R O T E S Q U E J X Q Y F P
I G N I R I A P S E D J I G E
N H C O N D I T I O N S G T C
D L L O I Q M A R V K E N H T
E A E A L T T N Y H J A O O R
L T F L N A P A O R O E R N A
I E U L T O S E L L E Z A G L
C N F M E T I S C I U K M S P
A C X P P C U T O N W J U T E
C Y H M F K K H A I O W S J T
I K C E V A D E S C N C H R T
E T G N I T I S D L U G G M I
S V K E R C H I E F E D V V E
T V T S E N R A E Y O D E R R
```

ANAESTHESIA
CONCEPTION
CONDITIONS
DESPAIRING
EARNEST
EDUCATIONAL
ENNOBLEMENT
EVADES

FLECKED
GAZELLES
GROTESQUE
IGNORAMUS
INDELICACIES
KERCHIEFED
LASSOING
LATENCY

PETTIER
SHUTTLE
SITING
SPECTRAL
THONGS

Assorted Words 70

```
T  R  A  J  D  Q  H  F  G  N  C  S  Q  G  G
Y  D  D  S  N  E  F  O  R  P  U  B  I  Y  M
J  E  E  U  D  T  D  E  T  O  X  I  N  S  Z
I  R  Z  D  A  U  N  T  L  E  S  S  L  Y  P
N  E  Y  I  R  B  K  U  M  O  L  T  F  J  A
S  H  L  H  T  A  B  D  O  O  L  B  B  A  T
U  X  U  I  O  E  B  E  I  M  T  N  B  I  O
R  W  I  K  R  E  H  M  E  A  A  E  L  O  T
G  Z  B  A  E  B  U  T  O  T  L  R  E  Z  G
E  S  L  L  A  C  E  R  S  B  A  Y  A  W  X
N  P  X  D  C  X  H  F  M  E  E  G  Z  P  S
C  A  L  I  B  R  A  T  I  O  N  T  E  E  H
E  A  S  G  N  E  R  D  R  Y  W  A  L  L  S
X  I  G  D  S  E  T  A  R  E  P  S  A  X  E
H  O  M  E  S  T  E  A  D  E  D  I  D  R  N
```

ANESTHETIZE	FEBRILE	RECALLS
BLOODBATH	FROSTBIT	SWEET
BOMBARDED	GOBBLE	TOXINS
CALIBRATION	HOMESTEADED	
DAUNTLESSLY	IBUPROFEN	
DIALYZES	INSURGENCE	
DRYWALL	LEGATEE	
EXASPERATES	PARAMOUNT	

Assorted Words 71

```
M  T  A  T  G  D  E  L  E  G  A  T  E  D  Z
O  Y  A  E  C  N  V  I  X  B  H  T  Q  G  H
L  H  L  D  N  O  I  T  A  C  I  D  B  A  O
L  G  L  G  E  T  R  L  K  A  B  R  Y  Q  U
I  D  D  A  N  K  E  T  L  T  I  Y  B  U  S
F  E  G  E  U  I  O  R  E  E  Y  E  T  S  E
I  G  N  A  L  D  T  M  T  X  F  J  R  O  K
E  C  O  R  D  I  A  L  S  A  E  L  I  P  E
D  D  Q  W  N  C  R  C  A  E  I  S  G  P  E
S  T  E  S  E  R  P  L  I  H  Z  N  G  I  P
C  O  N  T  R  A  C  E  P  T  I  V  E  E  E
T  E  P  K  S  L  H  B  W  Q  Y  Q  R  R  R
R  E  I  L  R  A  E  P  D  P  R  I  M  E  S
U  P  E  N  D  S  H  T  O  L  C  N  I  O  L
X  E  A  L  P  H  A  N  U  M  E  R  I  C  S
```

ABDICATION	ENTERTAINERS	PRESET
ALPHANUMERICS	FELLING	PRIMES
AUDACITY	HALTINGLY	RILED
BRIBE	HASTED	SMOKED
CONTRACEPTIVE	HOUSEKEEPER	SOPPIER
CORDIALS	LOINCLOTHS	TRIGGER
CORTEXES	MOLLIFIED	UPEND
DELEGATED	PEARLIER	

Assorted Words 72

```
I  N  T  E  R  N  A  L  I  Z  I  N  G  V  I
K  R  I  S  S  Y  L  L  A  C  I  S  Y  H  P
K  X  E  P  E  R  T  I  N  A  C  I  O  U  S
D  T  M  D  X  W  R  V  K  C  I  P  N  U  E
B  E  N  G  N  I  R  E  H  T  A  L  M  F  M
R  T  C  E  P  U  S  R  E  M  O  O  R  T  I
A  Y  V  I  M  Y  O  Y  D  E  T  A  E  S  S
L  R  S  B  R  H  S  L  U  P  M  A  Q  N  X
L  A  T  T  S  N  C  B  F  N  V  M  U  N  M
Y  N  S  I  E  L  B  A  I  C  E  R  P  P  A
I  N  W  X  F  H  S  A  E  R  C  N  A  P  C
N  Y  V  L  V  I  C  W  P  P  K  Y  C  M  E
G  K  L  N  S  F  C  O  O  Y  M  F  S  W  S
T  N  A  T  L  U  X  E  R  H  V  I  F  T  Q
L  O  G  O  T  Y  P  E  S  C  S  F  A  B  I
```

AMPULS	LATHERING	RICED
APPRECIABLE	LIVERY	ROOMERS
ARTIFICES	LOGOTYPES	SEATED
CROCHETS	MACES	SEMIS
EXULTANT	PANCREAS	SHOWS
FLOUNDER	PERTINACIOUS	TYRANNY
IMPEACHMENT	PHYSICALLY	UNPICK
INTERNALIZING	RALLYING	

Assorted Words 73

```
P  M  T  U  H  Z  W  D  B  L  W  W  M  K  S
M  F  D  F  X  H  O  M  E  W  A  R  D  E  M
T  E  O  I  A  N  I  W  N  V  J  Y  V  K  I
P  S  W  O  Q  S  P  O  R  C  I  L  E  B  S
A  U  E  G  T  B  N  R  D  N  Z  E  L  R  C
P  P  L  I  N  L  O  O  A  O  W  R  C  M  O
E  V  L  U  G  I  O  A  I  T  R  U  H  E  N
R  C  I  C  X  N  L  C  R  L  T  O  R  S  D
B  B  N  B  Y  K  I  B  K  D  E  A  U  F  U
O  C  G  F  K  E  D  D  M  E  D  H  N  S  C
Y  S  E  T  I  R  W  E  R  E  R  A  P  S  T
S  G  N  I  R  E  H  T  A  G  S  S  H  A  I
C  O  R  R  O  D  I  N  G  J  T  S  Y  C  N
G  W  V  B  S  U  O  I  N  O  M  R  A  H  G
F  E  L  B  A  N  E  I  L  A  N  I  Z  P  O
```

APHELIONS	DOWELLING	ODOROUS
ASSEMBLING	FOOTLOCKERS	PAPERBOYS
BLINKERED	GATHERINGS	RATTANS
BOARD	HARMONIOUS	REWRITES
CORRODING	HOMEWARD	
CROPS	INALIENABLE	
DECEIVED	LAYER	
DINGIEST	MISCONDUCTING	

Assorted Words 74

```
E  Y  E  W  I  T  N  E  S  S  E  S  X  E  S
S  E  L  I  B  O  M  O  T  U  A  L  S  Y  W
J  W  Y  D  E  H  C  T  A  B  O  F  A  K  W
R  O  B  I  S  H  O  P  S  M  N  I  D  T  Z
Y  M  E  L  L  S  R  Q  N  M  I  O  C  R  S
P  L  I  J  A  D  E  A  R  R  I  V  A  L  S
R  R  T  S  T  C  E  N  L  D  R  M  T  T  L
E  D  E  N  T  G  I  N  I  U  Q  U  N  W  O
T  L  E  S  E  R  N  R  O  K  P  I  I  U  O
T  W  B  T  R  I  U  I  T  I  N  O  P  B  P
I  R  E  A  R  A  T  S  M  E  T  U  P  P  H
E  O  J  C  Z  A  P  A  T  A  M  C  H  K  O
S  K  Z  A  H  I  F  S  P  E  L  O  N  C  L
G  O  S  S  I  P  S  P  O  D  D  C  E  U  E
P  O  W  W  O  W  E  D  C  A  R  E  S  G  F
```

ARRIVALS	FARTED	PATIENTLY
AUTOMOBILES	FUNCTIONED	POPULAR
BATCHED	GEOMETRICAL	POWWOWED
BISHOPS	GOSSIPS	PRETTIES
CARES	LAMING	SIZABLE
CATNIP	LATTER	SPARSER
CHUNKINESS	LOOPHOLE	STALE
EYEWITNESSES	MISTRUSTED	

Assorted Words 75

```
P  P  O  T  R  I  N  S  E  N  S  I  B  L  E
R  R  D  R  J  C  B  C  S  C  I  R  T  E  M
E  O  E  O  C  A  N  O  N  I  Z  E  T  R  R
T  L  M  U  W  S  S  N  O  Q  A  C  O  E  H
E  O  B  S  M  T  H  V  M  S  R  F  R  S  E
N  N  E  E  I  L  I  O  I  I  T  C  P  E  T
T  G  L  R  N  I  R  L  N  R  F  E  I  R  O
I  A  L  P  D  N  R  U  A  A  U  Q  D  V  R
O  T  I  O  I  G  S  T  T  B  L  L  Y  O  I
U  I  S  A  R  A  H  I  E  B  L  H  K  I  C
S  O  H  C  E  Q  C  O  P  I  Y  P  U  R  A
L  N  E  H  C  E  G  N  I  T  A  I  R  A  L
Y  W  D  E  T  U  P  S  I  D  W  E  R  H  S
U  J  I  D  D  E  C  L  A  M  A  T  O  R  Y
H  O  R  O  S  C  O  P  E  N  E  A  R  E  R
```

ARTFULLY	HOROSCOPE	PRETENTIOUSLY
BOOSTED	INDIRECT	PROLONGATION
CANONIZE	INSENSIBLE	RABBIT
CASTLING	LARIATING	RESERVOIR
CONVOLUTIONS	METRICS	RHETORICAL
DECLAMATORY	NEARER	SHIRRS
DISPUTED	NOMINATE	SHREW
EMBELLISHED	POACHED	TORPID

Assorted Words 76

```
D  I  S  T  E  N  S  I  O  N  O  N  B  S  K
D  T  N  K  E  S  F  L  S  Q  C  I  R  L  M
H  W  G  R  S  L  B  S  E  P  G  O  I  A  A
R  Y  R  F  O  C  B  M  L  T  U  I  D  B  J
E  E  S  E  E  H  D  A  O  L  T  M  G  B  O
L  D  Z  T  N  L  T  E  T  C  A  A  E  E  R
O  R  S  I  E  O  N  L  L  A  A  B  H  D  E
C  E  T  K  T  R  I  A  L  B  B  T  E  C  T
A  N  R  C  U  I  E  T  M  A  M  E  A  Y  T
T  U  I  V  E  N  S  C  U  O  U  A  D  C  E
I  M  P  N  R  A  Y  N  T  C  W  G  R  I  S
O  B  E  E  B  T  A  H  E  O  E  S  H  C  X
N  E  D  P  O  E  W  U  N  S  M  X  N  E  S
F  R  I  E  N  D  L  I  E  R  E  Y  E  I  D
E  L  U  F  E  T  S  A  T  S  I  D  C  P  K
```

BRIDGEHEAD	EXECUTIONER	RENUMBER
CATACOMBS	EYEBALLS	SCRAMBLED
CHATTELS	FRIENDLIER	SLABBED
CHLORINATED	HYSTERECTOMY	SPUME
DEBATABLE	KINSWOMAN	STRIPED
DESENSITIZE	LAUGHED	THORN
DISTASTEFUL	MAJORETTES	YAWLS
DISTENSION	RELOCATION	

Assorted Words 77

```
F  I  N  V  E  N  T  O  R  Y  I  N  G  W  Y
G  L  N  T  D  Y  D  T  N  B  A  F  E  R  P
D  L  H  A  O  E  D  E  X  O  L  V  F  T  S
I  I  A  E  U  S  T  R  S  E  K  X  D  S  O
S  T  G  N  R  D  L  A  A  S  T  Y  U  H  L
C  E  A  F  K  E  I  A  C  P  U  O  W  O  I
O  R  I  K  Q  H  T  B  T  I  O  M  R  P  C
M  A  N  R  A  N  O  O  L  S  X  E  E  W  I
F  C  S  C  E  I  I  U  F  Y  E  O  J  O  T
O  Y  T  Y  P  N  M  E  R  O  Z  D  T  R  A
R  D  E  H  S  I  N  U  P  L  R  N  E  N  T
T  T  H  U  M  B  N  A  I  L  Y  E  N  P  I
S  S  N  O  L  H  T  A  C  E  D  L  V  F  O
Y  L  S  U  O  L  U  D  E  R  C  N  I  V  N
P  T  S  I  N  U  T  R  O  P  P  O  D  E  S
```

AGAINST
CANNERIES
DECATHLONS
DISCOMFORTS
HERETOFORE
HOURLY
ILLITERACY
INAUDIBLY

INCREDULOUSLY
INTOXICATED
INVENTORYING
JEOPARDY
LOXED
MUSSED
OPPORTUNIST
PEDESTAL

PREFAB
PUNISHED
SHOPWORN
SOLICITATIONS
THUMBNAIL
UMIAK
WROTE

Assorted Words 78

```
U  R  K  U  M  Q  U  A  T  C  H  T  G  N  F
T  Y  J  L  U  F  E  T  S  A  T  S  I  D  C
T  P  K  X  S  P  I  H  S  R  E  D  A  E  R
B  E  T  A  N  I  M  A  L  E  H  N  J  E  Y
G  I  D  L  E  T  N  A  N  G  I  L  A  M  B
S  N  K  I  D  L  C  Y  F  I  S  R  E  V  R
H  T  I  G  F  I  C  H  J  V  K  E  Y  H  O
A  E  S  T  N  F  C  P  I  E  U  A  C  J  U
P  R  E  I  A  I  U  C  B  R  A  Y  I  N  G
H  P  C  Z  N  G  T  S  A  S  P  Y  K  Y  H
A  R  R  X  Q  A  U  O  E  L  N  E  E  S  T
Z  E  E  C  P  Q  I  R  I  L  F  E  D  K  F
A  T  T  K  B  G  X  P  R  R  Y  P  V  O  D
R  S  S  Y  N  C  O  W  P  O  K  E  S  O  Z
D  Q  B  E  S  I  E  G  E  R  C  R  H  I  C
```

BESIEGER	DIFFUSELY	MALIGNANT
BRAYING	DISTASTEFUL	PIANISTS
BROUGHT	FLACCID	READERSHIPS
CAREGIVERS	HAPHAZARD	RIOTING
CHIRPED	INTERPRETS	SECRETS
CORRUGATING	KUMQUAT	VERSIFY
COVENS	LAMINATE	
COWPOKES	LEAKY	

Assorted Words 79

```
Z  L  J  V  E  V  A  P  O  R  A  T  E  S  J
N  X  A  L  D  R  A  G  G  A  L  J  F  X  T
Z  L  A  M  P  E  A  R  D  R  U  M  G  D  Z
R  A  C  C  O  M  M  O  D  A  T  E  S  B  J
P  X  S  L  A  R  T  N  E  C  M  D  I  K  F
L  P  Y  L  L  U  F  T  S  E  R  A  T  D  H
D  N  A  H  T  S  R  I  F  C  N  Z  U  S  A
S  D  E  I  R  P  S  F  F  S  G  N  A  V  P
M  E  B  E  L  L  Y  B  U  T  T  O  N  S  E
A  P  B  I  N  F  R  I  N  G  I  N  G  I  O
U  H  L  O  E  T  A  T  I  S  S  E  C  E  N
I  T  S  E  L  Z  Z  U  N  T  T  E  T  M  M
L  O  O  N  I  E  S  W  A  S  K  C  A  H  Q
D  E  R  O  V  A  E  D  N  E  U  D  M  J  S
Y  J  H  S  E  C  S  E  V  R  E  F  F  E  Q
```

ACCOMMODATES	FIFTIETHS	NECESSITATE
ADIEU	FIRSTHAND	NUZZLES
BELLYBUTTONS	HACKSAWS	PRIED
CENTRALS	INFRINGING	RESTFULLY
EARDRUM	LAGGARD	
EFFERVESCES	LOBES	
ENDEAVORED	LOONIES	
EVAPORATES	MAUVE	

Assorted Words 80

```
Q  N  C  S  H  R  I  N  K  A  G  E  P  Z  G
T  R  O  U  G  H  H  O  U  S  E  D  R  R  P
A  O  W  I  D  E  S  P  R  E  A  D  O  P  O
H  S  U  F  O  R  E  W  E  N  T  T  T  A  S
E  S  S  T  I  X  C  T  Z  P  U  A  E  R  C
U  L  N  E  L  J  Y  I  A  Q  P  H  C  B  I
R  L  B  E  R  I  K  L  X  N  N  Y  T  O  L
I  R  C  I  G  T  V  U  E  E  E  G  S  R  L
S  E  V  I  C  O  I  E  D  S  R  I  C  E  A
T  V  X  R  N  U  H  V  D  Z  N  O  L  T  T
I  E  C  P  O  O  D  T  E  V  U  E  N  A  E
C  L  A  P  M  C  L  E  A  N  W  S  T  A  D
U  L  T  L  I  Q  U  I  D  P  E  J  T  N  D
F  E  H  E  A  R  T  B  E  A  T  S  Y  P  I
K  R  H  O  D  I  U  M  U  N  B  O  S  O  M
```

ALIENATE	HEURISTIC	PROTECTS
ANOREXIC	INTENSELY	REVELLER
ARBORETA	KUDZUS	RHODIUM
ASSERTIVENESS	LIQUID	ROUGHHOUSED
CLEAN	OSCILLATED	SHRINKAGE
DEDUCIBLE	OUTLIVED	UNBOSOM
FOREWENT	PATHOGENS	WIDESPREAD
HEARTBEATS	PEPPY	

Assorted Words 81

```
W  C  W  I  S  T  S  I  P  R  A  H  R  H  A
G  D  E  I  F  I  R  T  N  E  G  R  A  P  S
X  N  U  V  G  T  E  V  U  Y  D  T  D  A  X
P  T  I  B  J  C  S  N  V  E  D  C  I  S  P
E  R  D  L  R  P  P  T  L  B  Z  J  C  T  C
N  L  D  E  L  A  H  X  E  A  J  Y  A  E  R
E  W  X  B  T  A  W  S  L  L  R  I  L  S  O
T  H  O  Q  R  E  G  W  R  L  L  G  S  Z  U
R  L  C  E  G  K  I  U  A  E  P  U  E  S  P
A  G  N  I  L  G  R  U  G  D  I  R  M  R  I
T  G  N  I  L  L  O  R  Q  I  D  D  Q  F  N
I  A  S  B  E  S  T  O  S  S  K  L  L  J  G
O  I  B  D  E  T  S  U  G  S  I  D  E  O  Z
N  I  O  N  I  M  O  L  A  P  S  D  O  D  S
S  F  D  E  I  L  P  P  A  S  I  M  J  C  G
```

ASBESTOS	GENTRIFIED	RADICALS
CROUPING	GURGLING	ROLLING
DISGUSTED	HARPISTS	SOLDIERS
DISQUIETED	MISAPPLIED	WADDLED
ENLARGER	MULLETS	
EXHALED	PALOMINO	
EYEBALLED	PASTES	
GALLING	PENETRATIONS	

Assorted Words 82

```
L   K   C   A   P   K   C   A   B   Q   E   X   O   V   V
R   E   S   G   N   I   K   C   A   P   A   Y   E   E   V
P   E   T   A   U   T   C   U   L   F   R   A   D   R   R
D   A   N   S   L   G   H   M   H   J   T   K   S   I   Q
S   E   D   N   A   I   N   E   J   I   H   K   P   T   H
M   F   L   A   U   P   S   I   M   R   I   E   R   A   R
A   L   V   L   S   R   D   P   P   S   E   D   E   B   R
T   A   P   H   E   H   D   E   E   P   R   G   E   L   F
T   U   C   O   A   B   B   A   R   D   A   E   D   E   U
E   T   B   V   G   S   G   O   O   U   S   L   O   O   A
R   I   Y   L   T   E   W   N   A   R   N   D   S   G   C
I   S   T   S   N   O   I   T   A   R   B   I   L   A   C
N   T   C   Q   P   S   U   M   M   E   D   N   L   S   E
G   S   F   B   G   O   V   E   R   N   I   N   G   C   P
S   N   A   V   I   G   A   B   I   L   I   T   Y   P   T
```

ACCEPT	FLAUTISTS	ROADRUNNER
ANTHEMS	FLUCTUATE	SLAPPING
BACKPACK	GOVERNING	SMATTERINGS
BELLED	INURED	SPREED
CALIBRATIONS	LISPED	SUMMED
CODGER	NAVIGABILITY	VERITABLE
DASHBOARD	PACKING	WETLY
EARTHIER	PASTEL	YAKKED

Assorted Words 83

```
W  N  H  C  C  T  F  A  R  C  R  E  V  O  H
P  M  I  S  A  O  E  N  O  H  P  A  G  E  M
E  A  N  S  I  R  N  G  R  T  H  S  U  R  C
R  G  D  B  I  N  B  G  S  R  R  I  H  W  M
S  N  O  G  W  D  R  O  A  M  U  G  Y  E  A
U  E  M  R  N  R  E  A  N  P  R  O  A  N  T
A  T  I  Y  K  I  H  L  V  A  E  O  P  J  E
S  I  T  T  U  O  K  C  I  X  T  D  N  X  R
I  Z  A  U  L  H  O  N  L  N  W  I  J  S  I
V  E  B  H  E  U  I  E  I  E  E  E  O  I  A
E  D  L  J  P  A  C  L  N  R  C  S  C  N  L
L  G  Y  F  U  N  W  A  G  R  E  E  D  N  I
M  U  T  A  T  E  D  R  F  I  A  Z  H  I  S
C  C  G  N  I  T  A  R  T  S  U  R  F  N  T
B  E  F  I  W  E  S  U  O  H  K  N  P  G  S
```

AGREED
ANVILING
CARBONATION
CONGA
CRUSH
FACULTIES
FRUSTRATING
GOODIES

HOUSEWIFE
HOVERCRAFT
INDOMITABLY
MAGNETIZED
MATERIALISTS
MEGAPHONE
MUTATED
NORMS

PERSUASIVE
RINKING
SIDELINES
SINNING
VARNISH
WHIRRS

Assorted Words 84

```
E  B  P  Z  T  L  I  Q  U  O  R  I  N  G  W
C  R  J  A  H  I  J  A  C  K  S  T  B  A  S
O  L  U  K  O  O  T  R  A  P  D  S  T  H  W
N  S  B  T  X  C  S  C  H  F  T  N  B  U  M
T  G  E  T  R  A  U  E  D  G  V  M  U  C  T
R  X  P  R  X  U  A  R  O  S  S  K  N  O  J
I  O  S  N  U  P  N  I  B  D  S  R  L  N  H
B  B  E  W  I  L  D  E  R  I  N  G  E  G  G
U  Q  E  C  E  K  L  D  O  E  N  O  X  E  A
T  F  Y  G  N  I  V  A  R  B  T  G  C  N  P
E  O  M  P  S  N  O  P  M  O  P  E  N  I  U
S  G  N  I  D  E  E  F  O  N  J  Q  F  T  I
E  T  A  G  I  T  S  E  V  N  I  F  P  A  R
V  M  E  A  N  I  N  G  L  E  S  S  B  L  C
Y  Z  C  N  E  V  S  H  O  R  D  E  D  N  Q
```

ALLURES	FEEDINGS	NURTURE
BEWILDERING	FJORD	PARTOOK
BRAVING	HIJACKS	PEERS
CAFETERIA	HORDED	POMPONS
CONDOES	HOUND	
CONGENITAL	INVESTIGATE	
CONTRIBUTES	LIQUORING	
CURBING	MEANINGLESS	

Assorted Words 85

```
W  G  T  B  A  R  E  M  A  C  Q  B  J  J  M
N  R  S  H  I  P  M  E  N  T  A  I  C  P  O
G  O  I  N  G  V  G  B  K  G  M  N  P  Y  M
P  U  I  O  C  U  C  G  L  L  A  S  D  P  L
Y  P  M  T  M  R  O  J  E  R  Z  I  A  B  I
G  N  I  Z  I  T  E  H  T  S  E  N  A  N  T
J  Z  I  M  S  B  S  H  T  N  I  C  A  Y  H
I  S  B  H  Q  U  I  C  M  E  Z  E  D  Z  O
F  I  I  V  A  G  O  H  V  J  B  R  W  Y  S
E  P  O  K  P  R  Q  L  X  G  O  I  W  F  P
B  P  H  M  F  L  K  A  U  E  R  T  Z  X  H
R  E  N  O  T  S  Y  E  K  D  D  Y  Y  G  E
I  D  M  C  Z  B  O  U  N  T  E  O  U  S  R
L  S  E  B  I  R  C  S  N  I  R  R  V  M  E
E  T  A  R  O  I  R  E  T  E  D  D  C  G  S
```

AMAZE	DETERIORATE	INSINCERITY
ANESTHETIZING	EXHIBITION	KEYSTONE
ANKLET	FEBRILE	LITHOSPHERES
BETHOUGHT	GOING	SHIPMENT
BORDER	GROUP	SIPPED
BOUNTEOUS	HARKEN	
CAMERA	HYACINTHS	
CREDULOUS	INSCRIBES	

Assorted Words 86

```
W  S  W  R  H  F  O  T  N  O  R  P  Q  R  N
A  P  P  L  I  C  A  T  I  O  N  S  D  D  A
P  E  A  O  R  D  A  L  I  R  K  K  B  I  U
I  E  N  B  T  E  E  L  L  V  H  I  Q  L  T
E  D  N  Z  A  H  H  L  Y  A  R  T  M  L  I
C  E  I  S  R  T  E  S  B  P  C  T  M  U  C
E  R  H  P  D  U  E  R  I  M  S  Y  I  S  A
D  S  I  A  I  E  L  P  S  N  A  O  N  T  L
Y  C  L  R  E  V  Y  P  M  P  I  R  U  R  L
G  V  A  R  R  D  E  N  R  U  B  F  T  A  Y
C  X  T  I  Z  O  D  I  S  C  R  E  E  T  F
B  B  O  N  I  T  O  E  S  S  U  C  D  I  K
Z  C  R  G  W  D  N  U  G  D  N  A  H  V  I
S  E  S  U  O  H  K  N  U  B  S  K  E  E  P
D  J  S  E  Z  I  T  O  N  P  Y  H  V  L  V
```

ANNIHILATORS	DISCREET	NAUTICALLY
APIECE	FALLACY	OTHERS
APPLICATIONS	FINISHER	PEEKS
BONITOES	HANDGUN	PRONTO
BUNKHOUSE	HYPNOTIZES	RAMBLED
BURNED	ILLUSTRATIVE	SPARRING
CALYPSO	KITTY	SPEEDERS
CRUMPET	MINUTED	TARDIER

Assorted Words 87

```
E  Z  Z  S  E  I  S  E  H  P  O  R  P  V  P
I  V  R  P  A  T  R  I  A  R  C  H  S  I  R
M  R  R  O  R  K  I  T  R  A  C  E  R  Y  O
P  G  A  E  W  F  R  R  D  Y  S  C  I  I  P
O  X  N  T  S  E  E  W  O  A  B  E  C  N  O
S  J  N  I  A  E  R  P  T  E  E  J  S  N  S
S  E  Y  P  T  M  R  S  L  S  T  H  H  O  I
I  D  E  H  G  U  O  C  C  I  H  E  T  V  N
B  R  S  A  V  Y  B  N  W  D  T  A  M  A  G
L  U  W  N  K  F  U  I  A  W  T  H  N  T  F
E  F  J  K  R  I  P  I  R  L  I  C  E  I  H
S  F  V  X  O  E  L  T  Y  T  E  C  P  O  D
D  I  D  E  O  O  T  T  A  T  N  M  C  N  Q
U  N  T  A  U  G  H  T  S  I  R  O  L  F  W
B  G  U  M  T  S  E  I  M  M  U  H  C  L  Z
```

CHUMMIEST	LITHE	ROWERS
CONTRIBUTING	MELANOMATA	RUFFING
FATHEAD	METEORITE	TATTOOED
FLORIST	NOSES	TERNS
HICCOUGHED	PATRIARCHS	TRACERY
IMPOSSIBLES	PROPHESIES	UNTAUGHT
INNOVATION	PROPOSING	
KILTS	RESERVE	

Assorted Words 88

```
W  G  P  C  V  G  N  I  T  S  I  O  H  D  J
S  S  I  J  C  R  U  D  E  N  E  S  S  C  G
N  E  B  C  O  L  T  I  S  H  A  W  K  S  U
D  P  C  V  A  L  N  U  C  E  A  I  C  Q  E
O  O  P  N  T  B  N  Q  R  I  O  O  F  O  E
I  S  W  A  E  U  Y  F  U  O  V  V  T  E  V
N  T  L  E  D  I  S  S  M  A  C  P  L  Y  D
S  E  S  A  L  E  D  W  M  Y  C  N  V  A  L
T  D  N  V  N  L  G  E  Y  A  L  K  A  T  S
A  X  A  R  V  G  I  N  B  E  L  U  B  R  O
N  M  C  R  R  T  Y  N  A  O  D  L  X  L  F
C  Y  K  S  O  G  T  Z  G  H  S  F  Y  Z  P
I  O  I  W  S  E  D  A  U  S  S  I  D  V  T
N  U  N  I  T  Y  S  E  V  R  A  W  D  Y  M
G  O  G  X  S  L  A  U  X  E  S  O  M  O  H
```

ABYSMALLY	DOWELLING	RANCOR
COATED	DWARVES	SALVOES
COLTISH	HANGED	SLANGY
CRUDENESS	HOISTING	SNACKING
CRUMMY	HOMOSEXUALS	UNITY
DEFIANT	INSTANCING	
DISOBEDIENCE	POSTED	
DISSUADES	QUACK	

Assorted Words 89

```
G  N  I  L  B  M  E  S  S  A  S  I  D  F  J
A  P  Y  Q  N  A  P  D  E  B  T  J  J  D  H
S  L  I  U  Q  N  O  J  B  L  E  Q  U  G  E
L  T  D  E  R  I  P  S  N  I  Z  B  A  L  L
A  A  A  T  A  M  R  O  F  E  R  Z  X  X  P
R  H  C  E  S  H  Y  N  E  S  S  B  A  W  I
M  D  R  I  B  E  F  F  L  U  E  N  T  D  N
A  S  E  I  R  T  N  A  G  B  N  R  D  H  G
T  N  L  H  X  O  R  I  W  T  T  E  N  E  X
U  Q  E  E  S  V  T  A  V  H  T  U  M  R  S
R  J  S  U  M  A  S  S  E  I  O  O  V  T  C
E  A  R  P  H  O  N  E  I  H  D  R  B  Z  O
S  E  H  C  T  A  B  G  O  H  H  O  E  E  O
X  M  C  I  M  A  T  C  H  B  O  X  E  S  T
Y  I  N  D  O  C  T  R  I  N  A  T  E  D  D
```

ARMATURES	GANTRIES	JONQUILS
BATCHES	GNASHED	MATCHBOXES
BEDPAN	HEARTBEATS	REFORMAT
DAZZLES	HELPING	SCOOT
DISASSEMBLING	HERTZES	SHYNESS
DIVINEST	HISTORICAL	WHORES
EARPHONE	INDOCTRINATED	
EFFLUENT	INSPIRED	

Assorted Words 90

```
S  P  E  N  D  S  T  R  G  N  I  P  P  A  T
Z  W  R  A  N  G  L  E  M  U  L  L  I  N  G
D  I  G  R  A  P  H  S  L  M  S  K  T  C  R
D  O  J  R  F  A  C  B  D  T  G  T  Z  I  C
J  H  J  D  F  C  S  X  E  L  N  Y  L  L  A
E  Y  Q  V  I  U  U  L  B  I  M  A  M  L  R
V  P  M  W  R  T  A  S  U  K  I  L  G  A  R
L  H  C  O  M  M  E  N  T  A  T  O  R  R  I
E  E  H  T  A  W  S  M  I  O  H  S  L  I  A
G  N  C  S  T  S  O  H  N  M  D  R  N  E  G
A  A  M  B  I  E  E  R  G  E  D  I  E  S  E
T  T  C  H  O  M  P  S  T  I  K  S  A  V  H
I  I  I  S  N  Y  B  R  R  T  I  A  R  N  O
N  O  T  I  S  B  A  B  T  P  M  E  E  R  P
G  N  C  E  F  U  Y  G  G  U  M  V  D  K  O
```

AFFIRMATIONS	DIGRAPHS	OVERHAULS
ANCILLARIES	GANTLET	PREEMPT
CARRIAGE	HOSTS	SKITS
CHOMPS	HYPHENATION	SPENDS
COMMENTATOR	LEGATING	SWATHE
CUSTODIAN	MUGGY	TAPPING
DEBUTING	MULLING	WRANGLE
DEGREE	NEARED	

Assorted Words 91

```
Y  D  Z  F  G  N  G  N  I  L  E  D  O  M  E
J  T  A  P  N  N  U  M  B  N  E  S  S  S  X
Y  I  B  N  V  D  N  A  T  S  D  N  A  R  G
S  G  N  I  G  N  O  L  E  B  W  T  S  J  L
T  R  O  E  D  U  D  L  J  R  G  U  P  F  S
R  X  R  M  T  E  S  R  E  T  U  L  L  O  P
U  S  M  P  K  A  T  H  O  N  G  B  U  J  E
M  U  A  O  E  N  E  A  E  F  R  Y  D  G  L
M  P  L  W  L  D  L  B  P  R  X  V  M  J  L
E  P  I  E  H  A  U  G  N  I  D  O  R  E  E
D  L  T  R  G  Y  X  L  U  R  C  A  U  R  R
W  E  I  E  A  R  N  E  L  R  V  I  N  L  V
J  S  E  D  D  V  F  G  S  A  R  M  T  W  R
Q  T  S  E  C  A  L  P  H  T  R  I  B  N  A
S  E  R  V  U  E  O  N  A  M  T  U  O  O  A
```

ABNORMALITIES	ERODING	POLLUTER
ALLUDE	GRANDSTAND	SPELLER
ANTICIPATED	GUSHER	STRUMMED
BEATEN	LAXEST	SUPPLEST
BELONGINGS	MODELING	
BIRTHPLACES	NUMBNESS	
BUREAU	OUTMANOEUVRES	
EMPOWERED	OXFORD	

Assorted Words 92

```
Z  D  L  A  C  U  L  H  E  L  M  S  M  E  N
R  W  S  E  I  R  R  E  B  E  U  L  B  V  V
V  J  S  E  V  Q  U  O  T  A  T  I  O  N  S
M  R  O  R  R  I  J  M  I  C  I  G  M  Q  P
S  I  D  U  E  U  T  M  B  Z  G  I  B  V  H
B  Q  S  M  R  P  C  A  C  L  R  N  A  E  R
H  G  U  S  I  N  P  S  T  N  I  G  R  L  A
U  F  C  E  P  M  E  O  B  E  M  E  D  V  S
P  A  R  S  L  E  Y  Y  H  O  E  R  S  E  I
A  V  C  U  I  C  N  N  M  S  S  S  S  T  N
T  B  J  F  S  L  H  D  C  A  S  N  J  E  G
I  N  T  F  G  N  I  V  I  J  N  A  I  E  S
N  P  R  E  F  E  R  M  E  N  T  P  R  N  B
A  P  E  R  O  X  I  D  I  N  G  W  X  G  Z
F  T  D  C  R  E  N  O  I  H  S  I  R  A  P
```

BLUEBERRIES	JOURNEYMAN	PHRASINGS
BOMBARD	LEVITATE	PREFERMENT
CRUMBLIEST	MISSPENDING	QUOTATIONS
GINGERSNAP	OBSCURES	SQUELCH
GRASSHOPPERS	PARISHIONER	SUFFER
GRIMES	PARSLEY	VELVETEEN
HELMSMEN	PATINA	
JIVING	PEROXIDING	

Assorted Words 93

```
D  T  X  U  I  H  S  N  S  T  R  A  P  M  I
R  I  O  U  T  M  A  N  O  E  U  V  R  E  D
A  R  S  U  V  N  M  Z  P  O  G  U  E  D  D
S  A  S  F  V  O  F  U  G  S  R  A  I  O  E
T  D  H  D  A  F  F  Y  N  N  L  A  L  S  R
I  W  E  A  E  V  T  O  S  I  I  J  C  I  B
C  L  N  T  R  M  O  S  U  T  Z  D  R  A  S
A  W  A  R  P  S  M  R  E  U  S  I  A  Y  M
L  T  T  Z  D  E  H  A  E  I  R  R  N  O  W
L  E  K  R  I  E  C  L  L  D  L  Q  I  G  G
Y  C  T  J  U  E  K  X  Y  C  E  G  K  H  L
C  S  I  D  L  E  S  N  E  O  N  K  N  U  T
C  Y  L  S  U  O  U  T  A  F  N  W  C  I  G
T  N  A  D  R  A  T  E  R  L  T  Q  R  A  K
M  E  P  N  I  P  P  E  R  T  B  I  M  O  L
```

BLANKED	HARSHLY	OUTMANOEUVRED
CLAMMED	IMMUNIZING	RETARDANT
DAFFY	IMPARTS	SIDLES
DISFAVORED	KINGLIEST	SILAGE
DRASTICALLY	LACKED	THIRSTS
EXCEPTED	LAZIEST	
FATUOUSLY	MACAROON	
GOADING	NIPPER	

Assorted Words 94

```
D  B  R  L  V  U  T  P  M  O  R  P  M  I  Z
E  E  S  I  C  B  E  D  Y  S  Y  O  J  R  I
P  P  R  T  M  Z  N  H  E  R  P  P  L  A  N
A  L  B  O  E  S  U  R  B  G  I  S  U  I  T
T  A  S  T  S  E  I  I  O  T  N  T  I  N  E
R  G  Z  N  O  I  L  L  U  B  O  A  E  W  R
O  I  A  B  B  Z  V  F  A  G  E  R  G  A  A
L  A  C  L  U  C  K  E  D  R  K  R  T  T  C
L  R  C  A  A  D  B  D  C  R  E  Q  C  E  T
E  I  F  O  D  B  I  R  R  S  A  D  B  R  I
D  Z  R  H  F  E  O  O  R  C  J  F  E  Z  O
Y  E  Q  C  H  F  N  R  L  Q  X  S  T  F  N
B  D  Q  L  I  V  I  C  E  B  V  H  Y  U  S
M  I  L  I  T  I  A  N  E  D  A  W  K  X  F
V  I  O  C  H  I  L  D  E  S  F  T  R  R  A
```

BULLION	FEDERALISM	PLAGIARIZED
CADENCES	FLEETS	PYRITE
CHILDES	GANGED	RAINWATER
CIVIL	IMPROMPTU	REBORN
CLUCKED	INTERACTIONS	TABLOID
COFFIN	LABORED	TORTE
DRAFT	MILITIA	WISPS
EROSIVE	PATROLLED	

Assorted Words 95

```
I  H  Y  N  E  G  O  T  I  A  T  E  S  X  W
Z  L  D  O  G  F  I  G  H  T  I  N  G  M  T
Z  C  S  Y  Z  I  D  P  R  E  N  A  T  A  L
G  J  I  E  L  O  P  E  E  H  V  Y  M  S  D
S  N  V  F  U  S  B  M  C  N  B  O  C  Y  Y
D  R  I  S  E  M  L  P  J  R  I  N  O  M  U
S  A  E  U  E  N  I  N  A  C  E  A  C  R  H
C  T  O  C  G  I  P  Q  V  I  R  E  M  T  G
L  H  S  L  N  N  R  A  D  O  P  T  I  O  N
K  E  S  E  P  E  A  R  R  E  H  Z  M  N  R
S  R  P  D  F  U  F  R  E  T  T  J  F  D  G
K  E  N  O  Y  I  K  Q  A  B  A  T  T  T  T
P  T  J  D  E  T  N  I  M  H  W  K  I  R  M
H  O  U  S  E  P  L  A  N  T  S  E  E  P  O
M  C  F  S  P  E  C  I  M  E  N  R  D  S  Z
```

ADOPTION
CANINE
DECREEING
DEWBERRIES
DOGFIGHTING
ELOPE
FENCERS
GROOVE

HARANGUING
HERETO
HOUSEPLANTS
MANIFESTS
MINTED
MUESLI
NEGOTIATES
PARTAKES

PITTED
PRENATAL
ROMAINE
SPECIMEN
UPLOAD

Assorted Words 96

```
I  B  P  S  M  O  N  O  M  A  N  I  A  V  K
B  B  D  B  R  A  I  N  C  H  I  L  D  V  Q
S  Q  D  F  V  C  C  H  E  S  D  Z  B  B  C
R  T  U  E  R  A  N  O  D  S  G  G  Z  S  X
P  E  E  E  L  A  S  E  N  E  R  U  A  R  E
R  U  G  U  C  G  H  S  H  S  L  A  L  R  F
E  M  L  A  Q  I  G  W  U  S  E  D  O  S  U
P  G  S  E  R  U  T  A  M  R  A  R  O  H  T
O  T  R  H  N  E  O  A  R  U  E  A  V  O  O
S  J  N  M  G  C  V  B  N  D  X  S  Z  E  N
I  S  N  E  Z  I  N  E  D  A  E  Z  R  Q  S
T  N  A  H  C  R  E  M  B  D  F  B  H  Q  O
I  K  H  R  L  S  G  N  I  P  P  I  R  D  A
O  H  T  A  Y  R  E  I  F  M  O  W  K  M  J
N  R  Q  S  D  E  E  D  S  I  M  K  I  R  B
```

ARMATURES	DENIZENS	MISDEEDS
ASHEN	DESCENT	MONOMANIA
ASSURES	DRIPPINGS	NOODLED
BEDRAGGLED	FANATIC	PREPOSITION
BEVERAGE	FIERY	SLUGS
BOUQUETS	FUTON	WHARF
BRAINCHILD	HOARSE	
CONSERVES	MERCHANT	

Assorted Words 97

```
A  Q  G  I  P  R  E  P  A  R  A  T  I  O  N
T  I  G  Z  P  R  E  C  I  P  I  C  E  H  Z
O  C  I  T  S  I  L  A  N  R  E  T  A  P  H
O  G  R  G  D  E  P  O  P  U  L  A  T  E  D
R  O  O  K  E  D  U  O  K  L  Y  X  D  H  P
S  E  P  A  N  I  E  Q  N  E  Q  D  I  S  O
Z  N  L  J  F  U  D  C  L  R  W  Q  M  H  R
I  C  H  B  C  O  V  E  N  A  N  T  Z  T  P
M  O  I  Q  M  E  X  F  T  E  F  W  X  I  O
P  M  D  Q  D  U  J  H  I  N  U  A  D  C  I
A  P  N  L  N  W  B  H  O  C  U  L  T  K  S
I  A  A  M  O  H  P  M  Y  L  F  H  F  A  E
R  S  I  D  E  N  T  I  F  I  E  R  S  N  C
E  S  Y  O  M  I  T  T  I  N  G  S  J  A  I
D  J  U  P  U  N  C  T  U  A  T  E  S  H  P
```

BUMBLER	IMPAIRED	PUNCTUATE
CATAFALQUES	INFLUENCED	ROOKED
COVENANT	LYMPHOMA	RULER
DEPOPULATED	OMITTING	SHTICK
ENCOMPASS	PATERNALISTIC	
FOXHOLES	PORPOISE	
HUNTED	PRECIPICE	
IDENTIFIERS	PREPARATION	

Assorted Words 98

```
C  C  Q  J  F  R  E  N  I  M  R  E  T  E  D
T  O  S  M  S  D  S  N  I  P  K  C  I  T  S
U  M  N  T  J  D  E  Z  B  M  A  S  O  N  S
X  P  S  D  N  S  O  D  C  B  O  X  D  Z  G
H  L  W  I  U  E  R  D  A  R  K  N  I  H  U
Y  I  S  H  C  I  D  E  G  E  E  Z  M  L  A
G  A  R  M  S  I  T  N  R  E  N  S  B  E  R
R  N  T  E  U  I  T  S  O  O  R  K  T  M  A
O  T  I  O  B  T  N  E  T  P  L  S  O  S  N
M  Y  I  R  L  M  C  E  C  S  S  P  F  M  T
E  R  I  M  O  L  U  E  H  S  I  E  X  X  E
T  J  R  L  E  V  I  C  R  T  A  O  R  E  E
E  A  S  E  I  D  A  N  U  Q  A  W  H  O  S
R  O  E  G  E  Q  L  F  G  C  L  E  E  D  C
W  Y  L  B  I  S  U  A  L  P  M  I  H  O  T
```

ASCETICISM	EXPLORERS	MASONS
COMPLIANT	FAVORING	RECTUMS
CONDUITS	GUARANTEES	STICKPINS
CORESPONDENTS	HEATHENISH	TIMED
CREST	HOISTS	TOLLING
CUCUMBER	HYGROMETER	
DETERMINER	IMPLAUSIBLY	
DODGERS	KNEADED	

Assorted Words 99

```
L A R U T L U C I T R O H A H
K N K N S P I H C O R C I M H
B L L E L G E S T C I L F N I
Q L A U N D E R E R S C H Y P
Y S O K B S R E D I V I D J R
S G H O M E R U M Q L E T W O
L E N E P A D E S P Z L O T M
U R I C C E I S F K Q M O H U
R P E T I N D N R I S V H H L
R T S I T P A B S E N T I N G
E V W A D I Y G M T L O N Y A
D W K V E N K M O A A K C Z T
E T Q X V X A P A R W Y C G E
C D W U A A X D W O R L S U P
H K L E N C A P S U L A T E B
```

ABSENTING	HOLLIES	MAINSTAYS
ARROGANCE	HORTICULTURAL	MICROCHIPS
BAPTIST	INFLICTS	PROMULGATE
BUCKLERS	KITTIES	RUSKS
CONIFERS	LAUNDERERS	SLURRED
DANDIER	LOAMY	
DIVIDERS	LOOPED	
ENCAPSULATE	LUBED	

Assorted Words 100

```
G M S M H R E L A I D M Y N S
Q D L H P A R A P H R A S E P
L C A R R I A G E S T S R O W
X E K N B U G L I N G I W S W
F B W S C R I P S N E H B L V
U S L O S E I R A I C I D U J
M U Q G B X G N I T I F O R P
R C U Y G M Z O V E R M U C H
E K A U O T E L M A H B I H Q
U I C N S T G S R E I N N A P
S N K Y L L A C I T A T S C E
E G T S I P A R W D V S K X Z
S I S O N G A I D S I M U M N
N A V I G A T I O N K B H M B
W S E C N U O N N A Z A Q M F
```

ANNOUNCES
BUGLING
CARRIAGE
DANCE
DISEMBOWEL
ECSTATICALLY
GOSLING
HAMLET

JUDICIARIES
LURCH
MISDIAGNOSIS
NAVIGATION
OVERMUCH
PANNIERS
PARAPHRASE
PROFITING

QUACK
RAPIST
RELAID
REUSES
SCRIPS
SUCKING
WORSTS

Assorted Words 101

```
Q  R  N  T  X  A  U  T  O  N  O  M  O  U  S
A  U  C  P  A  L  L  I  A  T  I  V  E  S  E
E  P  O  R  K  B  K  U  O  B  W  V  Q  R  E
N  T  M  P  E  G  N  I  N  O  O  P  S  E  T
U  U  P  B  R  H  N  S  E  L  D  N  A  C  H
M  R  R  S  M  I  C  I  T  S  K  S  T  L  I
E  E  O  N  C  F  M  N  R  T  N  T  S  I  N
R  S  M  Z  F  I  O  R  U  E  X  F  P  N  G
A  Q  I  C  M  X  L  R  O  R  T  R  Q  I  S
T  D  S  Y  H  N  N  U  E  S  C  N  O  N  U
E  D  E  K  C  A  L  C  A  I  I  Y  A  G  R
S  Z  V  T  S  I  N  R  R  R  G  N  X  C  P
A  I  Q  S  W  E  H  C  S  E  D  N  G  V  A
H  T  A  M  Y  L  O  P  Y  X  O  Y  E  V  S
U  M  I  S  D  O  I  N  G  Y  Y  I  H  R  S
```

AUTONOMOUS	ENUMERATES	RECLINING
BOLSTERS	ESCHEWS	RUPTURES
CANDLES	FOREIGNER	SEETHING
CANTERING	HYDRAULICS	SPOONING
CHANCY	MISDOING	SURPASS
CLACKED	PALLIATIVES	
COMPROMISE	POLYMATH	
CRUNCHER	PRIMROSING	

Assorted Words 102

```
T  M  S  E  T  A  N  I  D  R  O  O  C  K  M
Z  O  G  N  I  S  I  D  N  A  H  C  R  E  M
L  A  L  S  E  S  I  R  P  R  E  T  N  E  X
P  A  F  L  A  T  B  E  D  O  Y  V  F  K  V
T  H  B  L  A  R  D  E  H  T  A  C  O  E  F
N  C  A  R  N  B  U  E  K  K  G  K  H  L  H
E  P  S  R  O  A  W  I  S  H  F  U  L  S  G
X  D  E  E  A  G  S  T  L  I  T  Q  O  O  A
C  Y  E  E  I  O  A  F  S  U  R  C  W  M  F
L  G  T  T  V  T  H  T  W  E  F  P  C  J  A
U  U  R  R  U  I  I  S  E  L  I  P  M  O  C
S  T  F  A  I  N  S  U  F  S  L  L  L  O  M
I  P  V  L  D  H  I  H  N  F  P  Z  L  E  C
O  P  W  W  T  E  T  M  L  N  O  O  C  U  H
N  X  X  W  E  D  R  U  K  Y  A  D  F  H  B
```

ABROGATES	DOFFS	MINUTED
ANNUITIES	ENTERPRISES	PEEVISHLY
BALLOT	EXCLUSION	PHARAOHS
BULLIEST	FLATBED	THIRTY
CATHEDRAL	GLOVE	WISHFUL
COMPILES	GRADER	
COMPRISE	HELPFUL	
COORDINATES	MERCHANDISING	

Assorted Words 103

```
M  M  W  Y  C  E  D  E  D  H  M  D  S  K  T
G  E  C  D  S  J  U  E  X  E  V  L  H  M  X
L  N  B  P  R  Z  Q  M  N  E  L  D  L  X  S
N  T  L  E  I  I  S  C  A  I  C  B  F  B  G
Q  I  E  T  E  H  B  E  N  R  O  R  B  O  R
H  O  A  E  Y  P  S  L  K  Z  G  J  A  O  I
E  N  N  U  K  T  E  R  E  O  C  I  N  T  H
A  S  I  A  L  G  O  R  I  T  H  M  P  O  E
D  D  N  L  M  S  Q  O  S  A  E  C  W  E  C
W  F  G  O  D  L  L  U  B  Y  E  Q  I  Z  E
A  Y  L  G  N  I  R  E  E  J  K  N  X  J  D
Y  Q  P  Y  H  I  E  T  A  U  T  N  E  V  E
T  F  Y  J  E  Z  I  L  A  T  R  O  M  M  I
I  I  N  T  E  R  P  O  L  A  T  E  S  M  F
N  B  I  F  G  N  I  L  O  B  M  A  G  E  P
```

AIRSHIP	DRIBLET	INTERPOLATES
ALGORITHM	EPIGRAM	JEERINGLY
BEEPERS	EVENTUATE	LEANING
BOOTY	EXECRATE	MENTIONS
BULLDOG	GAMBOLING	
CHEEK	HEADWAY	
CHOKES	HOBBLED	
CONJOINED	IMMORTALIZE	

Assorted Words 104

```
P  Y  L  I  R  O  S  L  U  P  M  O  C  S  J
L  S  P  A  D  E  D  U  L  C  C  O  P  P  E
I  F  G  P  U  K  M  U  R  O  U  Q  U  A  A
K  Y  J  P  S  S  V  M  V  U  M  W  L  N  Z
C  B  O  R  D  E  R  L  I  N  E  S  V  C  G
L  C  B  E  L  C  H  E  D  L  R  A  E  H  V
I  A  E  N  I  V  D  C  D  A  G  R  R  R  Q
M  T  C  T  I  G  P  I  R  O  C  N  I  O  E
A  A  D  I  S  S  H  R  S  O  O  Y  Z  M  M
C  L  Y  C  M  O  P  T  I  A  C  R  E  A  P
T  Y  X  I  W  E  M  E  E  C  B  S  B  T  E
I  S  Y  N  R  J  D  N  P  E  I  U  M  I  R
C  I  A  G  I  F  S  A  I  Q  N  E  S  C  O
V  S  M  B  E  D  R  O  C  K  S  T  S  E  R
K  J  P  G  R  I  N  D  S  A  K  M  H  T  S
```

ACADEMICAL	COMPULSORILY	PANCHROMATIC
APPRENTICING	DISABUSES	PEPSIN
BEDROCKS	EIGHTEENTH	PRICIEST
BELCHED	EMPERORS	PULVERIZE
BORDERLINES	GLIMMER	QUORUM
BROODERS	GRINDS	SCORCHES
CATALYSIS	INMOST	WRIER
CLIMACTIC	OCCLUDED	

Assorted Words 105

```
B  K  B  U  L  L  E  T  P  R  O  O  F  E  D
Y  R  O  T  C  U  D  O  R  T  N  I  Y  H  M
T  C  S  T  S  M  F  Z  R  E  I  K  A  H  S
H  H  A  H  A  E  A  H  L  T  Y  O  P  H  C
T  S  E  R  Y  M  T  C  P  A  S  D  P  G  B
C  S  U  S  U  I  O  A  G  R  Y  L  R  X  W
N  K  E  R  A  C  N  T  V  R  T  D  O  J  I
A  M  P  I  L  U  C  G  S  I  E  H  P  O  N
U  I  V  J  M  U  R  A  O  E  T  V  R  F  C
G  S  G  T  R  O  B  I  N  S  O  C  I  Q  H
H  T  E  J  R  E  H  R  E  I  B  B  A  L  F
T  I  E  L  V  P  O  W  D  E  R  Y  T  E  G
I  M  P  K  H  T  T  S  E  I  K  N  I  D  D
L  E  Y  L  E  T  A  N  I  T  S  B  O  E  F
Y  S  P  A  R  B  O  I  L  E  D  K  N  S  Q
```

APPROPRIATION
BULLETPROOFED
BULRUSH
COOLS
DEACTIVATES
FLABBIER
HOMIEST
INACCURACY

INKIEST
INTRODUCTORY
MISTIMES
NAUGHTILY
OBSTINATELY
PARBOILED
POWDERY
SHAKIER

SHYING
TARRIES
THESAURI
TOMATO
WINCH

Assorted Words 106

```
T  R  O  U  B  L  E  S  A  A  P  R  M  M  T
Y  A  W  R  O  T  O  M  W  V  D  D  A  M  S
X  L  R  K  S  C  A  L  P  C  Q  B  Z  M  C
L  R  W  E  S  G  R  E  T  N  U  H  M  E  A
G  O  E  G  I  D  N  W  P  S  A  K  M  A  L
I  R  O  N  N  K  N  I  V  C  R  B  L  T  L
I  E  E  K  E  I  C  A  P  T  I  V  E  B  I
O  I  N  T  S  W  T  O  L  P  U  L  G  A  O
V  E  E  P  S  M  A  A  L  S  O  A  J  L  N
G  B  S  C  O  O  P  L  I  B  I  L  L  L  I
G  R  W  B  S  O  F  M  S  V  G  Z  Q  M  X
R  E  L  B  B  I  R  D  E  C  E  I  T  T  U
S  T  C  I  R  T  S  I  D  E  R  L  N  O  F
P  R  O  B  A  T  I  O  N  E  R  S  L  R  Q
E  S  K  C  A  J  R  E  K  C  A  R  C  A  R
```

ALLEVIATING	HUNTER	REDISTRICTS
BLOCK	ISLANDS	RENEWALS
BOSSINESS	LAMBDA	SCALLION
CAPTIVE	LOOKS	SCALP
CRACKERJACKS	LOPPING	SCOOP
DECEIT	MEATBALL	TROUBLES
DRIBBLER	MOTORWAY	UMLAUT
FOSTER	PROBATIONERS	VEEPS

Assorted Words 107

```
I  T  N  E  M  T  S  U  J  D  A  L  A  M  L
M  B  R  V  C  S  T  S  I  O  G  N  I  J  O
M  A  U  F  U  D  E  R  R  A  T  S  N  M  V
O  K  X  L  R  S  T  I  F  O  R  P  D  U  E
R  N  Y  L  R  I  A  N  O  B  E  D  I  Y  S
A  R  A  P  E  U  T  C  M  U  Y  D  C  S  I
L  E  T  M  N  M  S  I  N  I  V  U  A  H  C
I  A  N  O  T  V  A  H  C  L  C  N  T  C  K
T  L  H  P  L  S  N  G  E  K  V  P  I  B  T
I  I  P  L  Y  D  O  Z  E  S  E  V  V  L  F
E  S  P  A  A  Z  N  P  F  M  G  R  E  Y  M
S  T  V  N  O  D  Y  A  A  B  O  R  N  E  L
Q  S  E  T  A  L  U  T  S  O  P  X  E  J  U
G  N  I  T  O  T  D  E  G  N  U  O  L  B  A
M  G  N  I  G  G  E  P  F  W  I  M  P  Y  N
```

BERGS	IMMORALITIES	POSTMAN
BORNE	INDICATIVE	PROFITS
BULRUSHES	JINGOIST	REALISTS
CHAUVINISM	LOUNGED	SANDLOT
CURRENTLY	LOVESICK	STARRED
DEBONAIRLY	MALADJUSTMENT	TICKER
EXPOSTULATES	OMEGA	TOTING
FEUDAL	PEGGING	WIMPY

Assorted Words 108

```
S  T  H  G  I  S  D  N  I  H  B  W  V  L  E
C  S  G  E  N  E  A  L  O  G  I  C  A  L  L
W  T  V  B  L  A  R  N  E  Y  I  N  G  A  H
R  O  A  O  Z  B  A  T  T  I  N  G  R  M  D
A  P  C  M  B  S  H  B  A  P  F  R  A  X  I
T  C  C  B  G  U  N  F  I  G  H  T  S  J  V
H  O  I  I  P  R  S  R  E  G  E  N  T  S  U
L  C  N  N  A  D  E  N  E  V  D  C  O  X  L
M  K  E  G  R  I  W  D  R  C  D  A  O  I  G
I  S  S  M  R  T  R  E  L  E  S  I  H  C  E
S  F  T  O  O  I  L  L  F  U  C  I  L  Q  D
S  F  I  L  T  E  R  E  D  Y  O  S  H  L  A
A  K  L  B  E  S  S  P  N  F  Z  B  I  E  N
L  H  T  Q  D  R  G  R  A  N  U  L  E  D  Z
S  V  S  D  B  R  G  D  N  U  O  B  T  U  O
```

ABSURDITIES	FIELD	PARROTED
BATTING	FILTERED	REGENTS
BLARNEYING	GENEALOGICAL	STILTS
BOMBING	GRANULE	STOPCOCKS
BOULDER	GUNFIGHTS	VACCINES
CHISELER	HINDSIGHT	WRATH
DISCERNS	MISSALS	
DIVULGED	OUTBOUND	

Printed in Great Britain
by Amazon

38659231R00064